Bernhard Bellinger
Wir Deutsche sind *kein* „Tätervolk"

Bernhard Bellinger

Wir Deutsche sind *kein* „Tätervolk"

Solidarität mit Martin Hohmann MdB

REINHOLD KOLB VERLAG

Umschlaggestaltung: Kirsten Wennagel

Bibliographische Information Der Deutschen Bibliothek

Die Deutsche Bibliothek verzeichnet diese Publikation in der Deutschen Nationalbibliographie; detaillierte bibliographische Daten sind im Internet über http://dnb.ddb.de abrufbar.

Alle Rechte vorbehalten
© Copyright 2004 Reinhold Kolb Verlag, Mannheim
Verlagsanschrift: Postfach 10 18 23, 68018 Mannheim
Satz: Rützel-Service, Kiel
Druck und Bindung: City-Druck, Heidelberg
Printed in Germany
ISBN 3-936144-44-3

Inhalt

Vorwort 7

A. Grundlegung 9
1. Grundbegriffe 9
2. Tatsachen im zeitlichen Ablauf 13
3. Überschlägiger Inhalt der Ansprache
   vom 03.10.2003 über „Gerechtigkeit für Deutschland" 18
4. Ansprache vom 03.10.2003 enthält *keine*
   antisemitischen Äußerungen 19

B. Politische Verfolgung von Martin Hohmann MdB 24
1. Die Falschmeldung des Journalisten
   Werner Sonne, ARD, am 30.10.2003,
   der CDU-Abgeordnete Martin Hohmann
   habe in einer Rede zum Tag der
   Deutschen Einheit die Juden ein
   „Tätervolk" genannt 24
2. Rufmordkampagne der deutschen Medien
   gegen Martin Hohmann MdB 25
3. Verlegerwitwe Friede Springer droht Frau Angela Merkel
   mit wochenlanger Fortsetzung der Kampagne gegen
   Martin Hohmann, bis sie einen „harten Kurs"
   gegen Hohmann einschlägt 26
4. Ausschluss aus der CDU-Fraktion des Deutschen
   Bundestags und „Rausschmiss" aus der CDU 27
5. Verbot der Teilnahme und persönlichen Rechtfertigung
   im Parteitag der CDU am 01.12.2003 30
6. Erhaltene Strafanzeigen, die sich insgesamt
   als unberechtigt erwiesen 31
7. Debatte des Deutschen Bundestages über
   „Antisemitismus bekämpfen" am 11.12.2003 32
8. „Tätervolk" als das Unwort des Jahres 2003 wird
   fälschlicherweise Martin Hohmann MdB zugeschrieben 37
9. Oberlandesgericht Frankfurt am Main untersagt es dem
   Magazin „Stern", Hamburg, wörtlich oder sinngemäß
   die Behauptung aufzustellen, Martin Hohmann MdB
   habe in seiner Rede vom 03.10.2003
   „die Juden als Tätervolk" bezeichnet 38

C. Besondere Zusammenhänge 40
1. Die Bezeichnung der Deutschen als „Tätervolk" 40
2. Der christliche Glaube als Grundlage des
   in Deutschland vorwiegend geltenden Sittengesetzes 42
3. Soziale Gerechtigkeit als Grundlage des in
   Deutschland geltenden Rechts 46
4. Zusammenhänge mit politisch-operativen
   Methoden des Ministeriums für Staatssicherheit
   der ehemaligen DDR (MfS) 47
5. Besondere Zusammenhänge bei
   Bundestagsbeschlüssen gegen den Volkswillen 50
6. Hans Christian Andersens Märchen
   „Des Kaisers neue Kleider" 53
7. „Fuldamentalismus" 54

D. Wesentlicher Sachverhalt und Schlussfolgerungen 56
1. Martin Hohmann MdB zugefügtes Unrecht 56
2. Wesentlicher Sachverhalt 57
3. Schlussfolgerungen 63

E. Solidarität mit Martin Hohmann MdB 64

Anlagen
1. Werner Sonne, ARD: CDU-Abgeordneter
   nennt Juden „Tätervolk".
   Internetauszug vom 30.10.2003 65
2. Spiegel-Online, 11.10.2003:
   Israel - Deutsche U-Boote zu Atomwaffenträgern
   umgebaut. Internetauszug vom 11.10.2003 67
3. Martin Hohmann MdB: Ansprache vom 03.10.2003 69
4. FZ-TED-Umfrage vom 12.11.2003 und
   Ergebnis der FZ-TED-Umfrage vom 13.11.2003 81
5. n-tv: Die tagesaktuelle Umfrage vom 12. und 14.11.2003 83
6. Hans Christian Andersens Märchen
   Des Kaisers neue Kleider" 84
7. Antrag des Deutschen Bundestages
   vom 10.12.2003 über „Antisemitismus bekämpfen" 89

Vorwort

Die Brutalität und Unverhältnismäßigkeit, mit der die Parteiführung der CDU/CSU ihren altgedienten Bundestagsabgeordneten Martin Hohmann wegen seiner angeblich antisemitischen Rede vom 3. Oktober 2003 über „Gerechtigkeit für Deutschland" gleich politisch zu vernichten sucht, hat weltweit Befremden und in Deutschland Erschrecken ausgelöst. Die Gründe für dessen politische Verfolgung haben sich inzwischen als unrichtig erwiesen: Die gegen Martin Hohmann MdB gestellten Strafanzeigen erwiesen sich insgesamt als ungerechtfertigt, da nach sorgfältiger Prüfung der Staatsanwaltschaft in dessen Rede keiner der vorgeworfenen Straftatbestände verwirklicht war. Überdies beschloss das Oberlandesgericht Frankfurt am Main auf die Klage Martin Hohmanns hin am 10. März 2004, das Magazin „Stern" habe „es bei Meidung eines vom Gericht festzusetzenden Ordnungsgeldes bis zu 250.000,00 Euro, ersatzweise Ordnungshaft oder Ordnungshaft bis zu 6 Monaten, zu vollstrecken am Vorsitzenden des Vorstandes, zu unterlassen, wörtlich oder sinngemäß die Behauptung aufzustellen, der Antragsteller (Martin Hohmann MdB, Anm.d.V.) habe in seiner Rede vom 3. Oktober 2003 ‚die Juden als Tätervolk' bezeichnet".

Mit einem Ausschluss des Bundestagsabgeordneten Martin Hohmann aus der Bundestagsfraktion der CDU/CSU waren in seinem Wahlkreis Fulda (235.821 Wahlberechtigte) gemäß einer TED-Umfrage der Fuldaer Zeitung am 13.11.2003 88,25 % der Teilnehmer nicht einverstanden (siehe Anlage 4). Bei der „tagesaktuellen Umfrage" des Fernsehsenders n-tv vom 14.11.2003 hielten sogar 91 % der Teilnehmer seinen Fraktionsausschluss für Unrecht (siehe Anlage 5). Ein Großteil der Bevölkerung in Deutschland verurteilt den Ausschluss von Martin Hohmann MdB aus der Bundestagsfraktion der CDU/CSU. Das war bereits die Situation vor den staatsanwaltschaftlichen Entscheidungen und vor dem Beschluss des Oberlandesgerichtes Frankfurt am Main im Sinne Martin Hohmanns. Umso unverständlicher ist das Beharren der CDU/CSU-Parteiführung und der Bundestagsfraktion der CDU/CSU auf dieser politischen Verfolgung ihres langjährigen Weggefährten.

Der Volljurist Martin Hohmann hatte sich bis dahin 23 Jahre lang in öffentlichen Diensten bewährt: 1980-1984 beim Bundeskriminalamt in Wiesbaden, zuletzt als Kriminaloberrat in der Abteilung Terrorismusbekämpfung, 1984-1998 als Bürgermeister seiner Heimatgemeinde Neuhof und seit 1998 als Mitglied des Deutschen Bundestages. Mit einer solchen Persönlichkeit, die außerdem mit 54,0 % der Stimmen in ihrem Wahlkreis direkt gewählt worden ist, geht man so in einem zivilisierten Lande nicht um; schon gar nicht in einer Partei oder in einem Bundestag, deren Mitglieder innerlich mehr verbindet als nur das Parteibuch oder die Bundestagswahl.

Der „Fall Hohmann" wird in der deutschen Öffentlichkeit weitgehend als Zivilisationsbruch empfunden. Deshalb war seine Wirkung so spektakulär. Dies hat dazu geführt, dass er sogar in verschiedene zeitgeschichtliche Chroniken des Jahres 2003 aufgenommen wurde. Die folgende Schrift vermittelt sorgfältig recherchierte Informationen und Tatsachen. Damit leistet sie einen Beitrag dafür, die Wahrheit dieses Geschehens aufzuklären.

Berlin, den 29. April 2004

Dr. Bernhard Bellinger

A. Grundlegung

Der Bundestagsabgeordnete Martin Hohmann setzte sich in seiner Ansprache über „Gerechtigkeit für Deutschland" vom 3. Oktober 2003 öffentlich gegen den Zeitgeist zur Wehr, die zur Zeit lebenden Deutschen seien ein „Tätervolk", seien „Mörder von Geburt an". Mit dieser Diffamierung und Stigmatisierung soll den Deutschen ihr nationales Selbstbewusstsein, ihre Identität genommen und das gute Verhältnis zu ihrer Umwelt zerstört werden. Martin Hohmann sagte abschließend:

> „Meine sehr geehrten Damen und Herren, wir haben also gesehen, dass der Vorwurf an die Deutschen schlechthin, ‚Tätervolk' zu sein, an der Sache vorbeigeht und unberechtigt ist. Wir sollten uns in Zukunft gemeinsam gegen diesen Vorwurf wehren. Unser Leitspruch sei: Gerechtigkeit für Deutschland, Gerechtigkeit für Deutsche."

Dafür gebührt ihm die volle Solidarität aller in Deutschland lebenden Menschen.

1. Grundbegriffe

Die übliche Definition des *Begriffs* lautet: Der Begriff ist die Bedeutung eines Wortes oder eines sonstigen Zeichens. *Träger des Begriffes* kann ein Wort oder ein Zeichen jeder beliebigen Sprache sein. *Gegenstand des Begriffes* ist das, was der Begriff meint. *Umfang eines Begriffes* ist die Summe der Gegenstände, die durch den Begriff gemeint werden können. *Inhalt des Begriffes* ist die Summe aller Merkmale, die zu ihm gehören. Die *Definition* eines Begriffes ist die eindeutige Darlegung seines Inhaltes durch eine ausreichend vollständige und geordnete Angabe der notwendigen aufbauenden Merkmale.

Begriffe haben nur die Aufgabe, den in einer mündlichen oder schriftlichen Äußerung gemeinten Gegenstand unverwechselbar anzusprechen. Die Anforderungen an die Genauigkeit einer Definition hängen von ihrem jeweiligen Zweck ab.

Deutschenfeindlichkeit kann bezeichnet werden als ein Gefühl der negativen Voreingenommenheit von der bloßen Abneigung bis zur Feindschaft gegenüber Deutschen, nur weil sie Deutsche sind. Das Wesentliche an der Deutschenfeindlichkeit ist die Verallgemeinerung von nachteiligen Eigenschaften einzelner Deutscher auf alle Deutschen. Äußerungen oder Handlungen werden als deutschenfeindlich betrachtet, die nachteilig sind und gegen Deutsche als solche, nur weil sie Deutsche sind, gerichtet werden.

Deutschenfeindlichkeit trat insbesondere in den Kriegserklärungen jüdischer Bevölkerungsgruppen des Auslandes oder der Organe internationaler jüdischer Organisationen an Deutschland auf. Eine solche Kriegserklärung stellte Markus bereits im Jahre 1932 fest. Sie lautete:

> „*Die erste Kriegserklärung* gab der Präsident der jüdischen Weltliga, Bernart Lecache, schon 1932 in Paris ab: ‚Deutschland ist unser Staatsfeind Nr. 1. Es ist unsere Sache, ihm erbarmungslos den Krieg zu erklären. Die Juden sind die mächtigste Nation auf der Welt, weil wir die Macht besitzen und anzuwenden verstehen.' (Wladimir Jabotinsky in 'The Jewish Bulletin' vom Juli 1935)."[1]

Spätere Kriegserklärungen an Deutschland von jüdischen Bevölkerungsgruppen im Ausland erfolgten im März 1933 in den USA, Großbritannien, Frankreich und Polen. Die Beistandserklärung von Dr. Chaim Weizmann an den britischen Premierminister Neville Chamberlain und die Annahme dieses Angebots durch Chamberlain am 02.09.1939 werden als „offizielle Kriegserklärung des jüdischen Volkes an Deutschland" betrachtet.[2] Dr. Chaim Weizmann war damals Präsident der zionistischen Weltorganisation. Er war maßgeblich an der Errichtung des Staates Israel beteiligt und von 1948 bis 1952 dessen erster Staatspräsident.[3]

Über die Haltung des Staates Israel im Hinblick auf die Fortdauer dieses „Kriegszustandes mit Deutschland" heißt es bei Hartmut Stern:

---

[1] Markus, A.: Die jüdischen Kriegserklärungen und ihre Folgen. In: Eidgenoss, Winterthur, 6-7/82, S. 3
[2] Stern, Hartmut: Jüdische Kriegserklärungen an Deutschland, 2. Aufl., München 2000, S. 188 ff.
[3] Neues Lexikon des Judentums, hrsg. von Julius H. Schoeps, Gütersloh 2000, S. 852 f.

„Der Staat Israel hat seit seiner Gründung wiederholt die Fortdauer eines ‚Kriegszustandes mit Deutschland' proklamiert. 1952 schrieb Rudolf Küstermeier, Chefredakteur der von den britischen Besatzern lizenzierten ‚Welt' in der Nachkriegszeit und später dpa-Korrespondent in Israel:
'Israel, der jetzt im vierten Jahr seines jungen Lebens stehende Staat der aus aller Welt in ihre Urheimat zurückgekehrten Juden, hat sich geweigert, einer Beendigung des Kriegszustandes mit Deutschland seine Zustimmung zu geben.'"[4]
Diese Deutschenfeindlichkeit entwickelte sich also nicht erst nach dem Holocaust, sondern schon weit früher. Man wird davon ausgehen können, dass dieser Deutschenhass spätestens mit der französischen Greuelpropaganda während des deutsch-französischen Krieges 1870/1871 begann, durch die entsprechende Greuelpropaganda im Ersten Weltkrieg erneuert und durch die Greuelpropaganda im Zweiten Weltkrieg auf einen neuen Höhepunkt gebracht wurde. Während eine Greuelpropaganda vor oder während eines Krieges im Hinblick auf das Ziel, die eigene Bevölkerung geschlossen gegen den Feind beziehungsweise den Kriegsgegner einzustimmen, verständlich ist, lässt sich eine solche Vorgehensweise in der heutigen Zeit nach diesseitiger Ansicht nicht vertreten.

Insofern wechselte der Begriff der Deutschenfeindlichkeit im Zeitablauf seine Inhalte. Die Feindschaft blieb im Zeitablauf sozusagen die gleiche, die Gründe dafür, diese Feindschaft zu schüren, veränderten sich jedoch im Zeitablauf teilweise erheblich.

Antisemitismus ist ein Begriff, dessen Inhalt beispielsweise in dem führenden deutschen Rechtswörterbuch nicht definiert wird. Auch der Deutsche Bundestag hat in seiner vor kurzem stattgefundenen „Antisemitismus bekämpfen"-Debatte nicht unverwechselbar erklärt, welchen Gegenstand er beklagte. Man wird daher davon ausgehen können, dass in Deutschland der Begriff des Antisemitismus bewusst unbestimmt gelassen wird.

Sieht man im „Neuen Lexikon des Judentums" nach, dann heißt es dort:

---

4   Stern, Hartmut: Jüdische Kriegserklärungen an Deutschland, S. 193 f.

„Der Begriff des Antisemitismus wurde kaum 10 Jahre nach der rechtlichen Gleichstellung der Juden im deutschen Kaiserreich von dem Journalisten Wilhelm Marr (1819 bis 1904) geprägt ... Der Begriff ‚Antisemitismus' kennzeichnete bald, obgleich er ebenso wie die nach ihm benannte Bewegung neu war, alle Formen der Judenfeindschaft, die historisch bestanden hatten. Judenhass war ein bemerkenswert konstantes Merkmal christlicher und (in geringerem Umfang) muslimischer Gesellschaft. Judenhass wurzelte in religiösen und sozialen Antagonismen."[5] Unter „Antagonismus" ist hierbei „Gegensatz" zu verstehen.

Im gewöhnlichen Sprachgebrauch ist „Antisemitismus" ein Gefühl der negativen Voreingenommenheit, ein Vorbehalt gegenüber Juden nur wegen ihrer Volkszugehörigkeit und/oder ihrer mosaischen Religion. Diese negative Voreingenommenheit kann von der bloßen Abneigung bis zur Feindschaft reichen.

Das Wesentliche am Antisemitismus ist die Verallgemeinerung von nachteiligen Eigenschaften einzelner Juden auf alle Juden. Äußerungen oder Handlungen werden dann als antisemitisch betrachtet, wenn sie nachteilig für Juden sind und gegen die Juden als solche gerichtet werden, nur weil sie Juden sind.

Juden sind nach der babylonischen Gefangenschaft alle, die zum neuerstandenen jüdischen Volkstum gehören und sich zur mosaischen Religion bekennen. Ähnlich heißt es in einem Kommentar zum deutschen Strafgesetzbuch: „Die Gesamtheit der Juden z.B. ist daher keine rassische, sondern eine religiöse und zugleich durch ihr Volkstum bestimmte Gruppe."[6] Aufbauende Merkmale des Begriffes „Jude" sind also zum einen das Volkstum und zum anderen der mosaische Glaube.

Unschuldsvermutung bedeutet, dass die Unschuld eines Beschuldigten im Strafprozess bis zum rechtskräftigen Nachweis der Schuld in dem gesetzlich vorgeschriebenen Verfahren vermutet wird. „Sie folgt schon aus dem Rechtsstaatsprinzip und ist in Art. 6 II MRK ausdrücklich nomi-

---

5 Wistrich, Robert S.: Antisemitismus. In: Neues Lexikon des Judentums, hrsg. von Julius H. Schoeps, Gütersloh 2000, S. 60
6 Schönke, Adolf: Strafgesetzbuch: Kommentar, begr. von Adolf Schönke (1.-6. Aufl.). Fortgef. von Horst Schröder (7.-17. Aufl.). 25. neubearb. Aufl. von Theodor Länckner, München: Beck, 1997, S. 1109

niert."⁷ Mit MRK ist hierbei die Konvention zum Schutze der Menschenrechte und Grundfreiheiten gemeint.

Feind ist „allgemein Gegner, insbesondere der Gegner in einem Krieg; im Völkerrecht der Staatsangehörige eines gegnerischen Krieg führenden Staates. Nach angloamerikanischer Auffassung ist der Krieg eine Auseinandersetzung zwischen Völkern und nicht, wie nach der kontinentaleuropäischen Ansicht, zwischen den Staaten. Deshalb können die Angehörigen feindlicher Staaten zum Gegenstand von Kriegsmaßnahmen gemacht werden, etwa durch die Beschlagnahme ihres im Ausland befindlichen Privateigentums, wobei es eine Frage des politischen Drucks auf neutrale Staaten ist, ob die Beschlagnahme auch in nicht Krieg führenden Staaten durchgeführt wird (so im Zweiten Weltkrieg die Beschlagnahme deutschen Privatbesitzes in Schweden und in der Schweiz). Unter Umständen wird nach angloamerikanischer und sowjetischer Auffassung auch der eigene Staatsangehörige, der im Ausland mit dem Feind Handel treibt oder ihn sonst wie unterstützt, als ‚Feind' betrachtet. Im Zweiten Weltkrieg sind alle Staaten zur Beschlagnahme von Feindvermögen und zu einem weiten Feindbegriff übergegangen."⁸

Rufmord ist die durch vorsätzlich in Umlauf gebrachte falsche Gerüchte verursachte Zerstörung des guten Rufes bzw. des Leumundes eines anderen.

2. Tatsachen im zeitlichen Ablauf

Martin Hohmanns Rede vom 3. Oktober 2003 war nicht sein erstes Auftreten für Gerechtigkeit. Norman G. Finkelstein schrieb schon im Jahre 2000 in seinem Buch „Die Holocaust-Industrie – Wie das Leiden der Juden ausgebeutet wird" in einer Anmerkung:

> „Auf eine parlamentarische Anfrage des deutschen Bundestagsabgeordneten Martin Hohmann (CDU) gab die deutsche Regierung (wenn auch in sehr gewundener Sprache) vor kurzem zu, dass nur 15 % der an die Claims Conference ausgehändigten Gelder den eigentlichen jüdischen Opfern der Naziverfolgung zugute kämen. Die Erwiderung der deutschen Regierung fährt

---

7   Creifelds u.a.: Rechtswörterbuch, 17. Aufl., München 2002, S. 1416
8   www.wissen.de GmbH, München 2000-2003

fort, ‚der Vorwurf, die 450 Mio. DM seien ‚zweckentfremdet' und den Holocaust-Opfern ‚vorenthalten' worden, trifft somit nicht zu.' S. Protokoll des Deutschen Bundestages, 14. Wahlperiode, 23.2.2000, S. 8277, Antwort Staatssekretär Diller auf Anfrage Hohmann. Diese Versicherung kann jedoch in Einklang gebracht werden mit der offiziellen Geschichte der Jewish Claims Conference (vgl. Anm. 10)."[9]

Diese Anmerkung 10 lautet:

„In seiner offiziellen Geschichte räumt Ronald Zweig ausdrücklich ein, dass die Claims Conference gegen die Bestimmungen des Abkommens verstieß: ‚Der Zufluss von Mitteln der Konferenz gestattete es dem Joint (Distribution Committee), Programme in Europa fortzusetzen, die es ansonsten beendet hätte, und Programme anzugehen, die es sonst wegen fehlender Gelder nicht ins Auge gefasst hätte. Die auffälligste Veränderung bei den Ausgaben des JDC infolge von Wiedergutmachungszahlungen waren die Zuwendungen für moslemische Länder; hier stiegen seine Aktivitäten während der ersten drei Jahre der Zuschüsse von der Konferenz um 68 % an. Trotz der formellen Beschränkung für die Verwendung der Wiedergutmachungsfonds, die das Abkommen mit Deutschland vorsah, wurde das Geld dort eingesetzt, wo es am dringendsten gebraucht wurde. Moses Leavitt (ein hochrangiger Offizier der Claims Conference) ... erklärte: ‚Unser Budget berücksichtigte den Bedarf nach Priorität, und zwar innerhalb und außerhalb Israels, in den moslemischen Ländern insgesamt ... Die Gelder der Konferenz sahen wir lediglich als Teil eines allgemeinen Fonds an, der uns zur Verfügung stand, um den Bereich des jüdischen Bedarfs abzudecken, für den wir verantwortlich waren, den Bereich mit der höchsten Priorität.' (*German Reparations*, 74).'"

Nun folgt die Chronologie der Vorgänge:

3. Oktober 2003

Tag der Ansprache „Gerechtigkeit für Deutschland".

30. Oktober 2003

Erst 26 Tage später begann die Rufmordkampagne gegen Martin Hohmann mit der Meldung von Werner Sonne, ARD, gemäß Anlage 1. Sie hält bis heute an.

3. November 2003

Strafanzeige des Zentralrats der Juden in Deutschland wegen des Vorwurfs der Volksverhetzung, Beleidigung und Verunglimpfung des Andenkens Verstorbener. Am

---

9 Finkelstein, Norman G.: Die Holocaust-Industrie – Wie das Leiden der Juden ausgebeutet wird. München 2001, S. 208 f.

04.02.2004 wird die Einleitung eines Ermittlungsverfahrens von der Staatsanwaltschaft bei dem Landgericht Fulda abgelehnt, da in der Rede des Angezeigten kein Straftatbestand verwirklicht ist.

6. November 2003
Strafanzeige der Freien Humanisten Niedersachsen wegen des Vorwurfs der Beschimpfung von Bekenntnissen, Religionsgesellschaften und Weltanschauungsvereinigungen und der Volksverhetzung. Am 02.03.2004 lehnt die Staatsanwaltschaft bei dem Landgericht Fulda die Einleitung eines Ermittlungsverfahrens nach § 152 Abs. 2 StPO ab, da in der Rede des Angezeigten keine Straftatbestände gemäß der Anzeige verwirklicht sind.

7. November 2003
Die Bild-Zeitung berichtet auf Seite 2 in Großformat mit etwa 40 % des Schriftraums auszugsweise über die Rede des Bundestagsabgeordneten Hohmann, der mit dem Ausdruck „Hetzer" belegt wird, und kommentiert in nachteiliger Weise.

12./13. November 2003
Eine TED-Umfrage der Fuldaer Zeitung vom 12.11.2003 mit der Frage: „Ist es richtig, den CDU-Abgeordneten Martin Hohmann aus Fraktion und Partei auszuschließen?" erhält gemäß Veröffentlichung am 13.11.2003 mit 88,25 % der Stimmen die Antwort NEIN.

12. November 2003
„Die tagesaktuelle Umfrage" des Fernsehsenders n-tv vom 12.11.2003:
„Die Spitze der Unionsfraktion will den umstrittenen Abgeordneten Martin Hohmann aus der Fraktion ausschließen. Sein Mandat kann ihm die Unionsfraktion allerdings nicht nehmen. Sollte Hohmann jetzt auch sein Mandat niederlegen?"
Antwort von 91 % der Anrufer: NEIN.

14. November 2003
„Die tagesaktuelle Umfrage" des Fernsehsenders n-tv stellt die Frage:
„Der CDU-Abgeordnete Martin Hohmann ist wegen seiner als antisemitisch bewerteten Rede aus der Unionsfraktion ausgeschlossen. Wurde Hohmann zu Recht ausgeschlossen?"
Antwort mit 91 % der Stimmen: NEIN.

14. November 2003
Ausschluss aus der Bundestagsfraktion der CDU/CSU. In der Begründung heißt es:
„Diese Äußerungen haben antisemitischen Charakter und sind unter keinen Umständen hinnehmbar. Sie verstoßen gravierend gegen die Grundsätze der Fraktion und haben ihr in der Öffentlichkeit schweren politischen Schaden zugefügt. Der Abgeordnete Hohmann hat in einem wegen der fortdauernden Kritik an seinen inhaltlich inakzeptablen Äußerungen geführten Gespräch mit dem stellvertretenden Fraktionsvorsitzenden Bosbach und dem ersten parlamentarischen Geschäftsführer Kauder am 10.11.2003 auf die Frage, ob er das von ihm Gesagte für völlig abwegig und falsch halte, erklärt, dass er das so nicht erklären könne. Im Übrigen ginge es in der Politik ohnehin nur um Taktik. Dadurch ist das Vertrauensverhältnis zwischen der Fraktion und dem Abgeordneten Hohmann zerstört worden, so dass als letzte Konsequenz nur sein Ausschluss aus der Fraktion übrig bleibt."

3. Dezember 2003
Haller Tagblatt, Amtsblatt für den Kreis Schwäbisch Hall, Titelseite:
„Der Fall Hohmann erregt auch am Rande des Parteitages die Gemüter. Der Parteichefin, die dessen Fraktionsausschluss noch einmal verteidigte, wird von Kritikern aus der CDU vorgehalten, den harten Kurs gegen Hohmann erst nach einem Anruf ihrer engen Freundin Friede Springer eingeschlagen zu haben. Die Verlegerwitwe habe dabei mit wochenlanger Fortsetzung der Kampagne gedroht, die die ‚Bild'-Zeitung gegen den ‚CDU-Hetzer' eröffnet hatte."

18. November 2003
Ankündigung des Parteiausschlussverfahrens aus der CDU. Die Homepage der Welt am Sonntag, www.welt.de, titelt: „Peter Scherer: Der hessische Landeschef Roland Koch geht in Deckung":
„... Die letzte offizielle Stellungnahme Kochs stammt vom 18.11. Darin kündigte er als Vorsitzender des für Hohmann zuständigen CDU-Landesverbandes ein Parteiausschlussverfahren an. Es sei dies die ‚logische Konsequenz' aus der Entscheidung der Fraktionsvorsitzenden Angela Merkel. Ganz der Vorgabe von Merkel folgend, hatte Koch noch zwei Tage zuvor den hessischen CDU-Landesverband zu einer deutlichen Distanzierung von den umstrittenen Äußerungen veranlasst und Hohmann für den Fall der Wiederholung weitere Konsequenzen in der Partei und Fraktion angedroht. Weil Koch diese Position auch in einer Gedenkstunde für die Opfer der Progromennacht verteidigte, hatten mehrere Mitglieder der jüdischen Gemeinde aus Protest

die Veranstaltung verlassen. Einen Tag später änderte Merkel dann den ‚Bewährungskurs' für Hohmann und verkündigte nicht nur zur Überraschung Kochs doch die Notwendigkeit eines raschen Fraktionsausschlusses ..."

Weiter heißt es unter www.welt.de: „Der Ausschluss verletzt die Verhältnismäßigkeit".

Der Historiker Arnulf Baring über den Fall Hohmann und die Krise des Parteiensystems:

„Ich finde, das Ausschlussverfahren verletzt die Verhältnismäßigkeit dessen, was eine Partei an Widerspruch und Streit ertragen muss. Das wirkt wie ein Fallbeil ...

Für mich drückt sich darin nur Schwäche aus. Seit langem ist klar, dass die Union 1/3 ihrer Anhänger verloren hat, die in die rechte Mitte hineingehören, für die früher Franz-Joseph Strauß und Alfred Dregger typisch waren. Diese Leute enthalten sich heute der Stimme, die nicht mehr wählen ..."

Die Welt:

„Das, was sie als Schwäche attestieren, scheint die andere Volkspartei SPD auch zu treffen. Der innere Kern schmilzt, man verliert traditionelle Milieus, ist an Trends orientiert, droht sich selbst zu verlieren ..."

21. November 2003

Antrag des Landesvorstandes der CDU Hessen beim Landesparteigericht, Martin Hohmann MdB aus der Christlich-Demokratischen Union auszuschließen und mit sofortiger Wirkung von der Ausübung seiner Rechte in der CDU auszuschließen.

23. Dezember 2003

Das Magazin „Stern" veröffentlicht in seiner Ausgabe 1/2004 eine Chronik für das Jahr 2003, in dem die wichtigsten Ereignisse des Jahres in chronologischer Folge mitgeteilt wurden. Unter dem Datum 3. Oktober heißt es dort:

„Der hessische CDU-Abgeordnete Martin Hohmann bezeichnet in seiner Rede zum Tag der deutschen Einheit Juden ‚als Tätervolk'. Dafür wird er Mitte November aus der CDU-Bundestagsfraktion ausgeschlossen."

30. Dezember 2003

Mit Anwaltsschreiben fordert Martin Hohmann MdB das Magazin „Stern" erfolglos auf, sich ihm gegenüber zu verpflichten, es zu unterlassen, wörtlich oder sinngemäß die Behauptung aufzustellen, er habe in seiner Rede am 3. Oktober 2003 „die Juden als Tätervolk" bezeichnet.

4. Februar 2004
Staatsanwaltschaft bei dem Landgericht Fulda: Die Einleitung eines Ermittlungsverfahrens wegen des Vorwurfs der Volksverhetzung, Beleidigung und Verunglimpfung des Andenkens Verstorbener wird abgelehnt: „Da in der Rede des Angezeigten kein Straftatbestand verwirklicht ist, ist der Staatsanwaltschaft ein Tätigwerden verwehrt, § 152 Abs. 2 StPO."[10]

2. März 2004
Die Staatsanwaltschaft bei dem Landgericht Fulda lehnt die Einleitung eines Ermittlungsverfahrens wegen des Vorwurfs der Beschimpfung von Bekenntnissen, Religionsgesellschaften und Weltanschauungsgemeinschaften und der Volksverhetzung ab, da in der Rede des Angezeigten kein Straftatbestand verwirklicht ist.

14. März 2004
Beschluss des Oberlandesgerichts Frankfurt am Main in dem Verfahren des Mitgliedes des Deutschen Bundestages Martin Hohmann gegen die Gruner + Jahr AG & Co. KG Druck- und Verlagshaus, Hamburg, Herausgeberin des Magazins „Stern":

> „Auf die sofortige Beschwerde des Antragstellers wird der Beschluss der 2. Zivilkammer des Landgerichts Fulda vom 22.01.2004 abgeändert. Der Antragsgegnerin wird aufgegeben, es bei Meidung eines vom Gericht für jeden Fall der Zuwiderhandlung festzusetzenden Ordnungsgeldes bis zu 250.000,00 Euro, ersatzweise Ordnungshaft oder Ordnungshaft bis zu 6 Monaten, zu vollstrecken am Vorsitzenden des Vorstandes, zu unterlassen, wörtlich oder sinngemäß die Behauptung aufzustellen, der Antragsteller habe in seiner Rede vom 3. Oktober 2003 ‚die Juden als Tätervolk' bezeichnet.
> Die Kosten des Verfahrens in beiden Rechtszügen hat die Antragsgegnerin zu tragen."

3. Überschlägiger Inhalt der Ansprache vom 03.10.2003 über „Gerechtigkeit für Deutschland"

Die Ansprache von MdB Martin Hohmann zum Nationalfeiertag am 3. Oktober 2003 hatte den Titel „Gerechtigkeit für Deutschland". Sie orientierte sich wohl an Problemen,

---

10 Staatsanwaltschaft bei dem Landgericht Fulda, Az. 2 Js 15353/03 POL, Entscheidung vom 04.02.2004.

die in dem Wahlkreis des Bundestagsabgeordneten als offen oder dringlich angesehen und diskutiert wurden. Danach dürfte sich auch der Aufbau der Rede gerichtet haben.

Im Grunde ging es bei der Ansprache um zwei Gerechtigkeitsbereiche. Der eine betraf bestimmte Einzelprobleme. Bei dem anderen handelte es sich um eine Entgegnung auf den Vorwurf, die Deutschen in ihrer Gesamtheit seien ein „Tätervolk".

Im Einzelnen nahm Hohmann im ersten Teil seiner Rede zu der Gerechtigkeit in verschiedenen Bereichen Stellung. Dabei handelte es sich um die Sozialhilfe, die Abfindung erfolgloser Manager in Millionenhöhe, die Zahlungen der Bundesrepublik Deutschland an die Europäische Union, die Entschädigung ehemaliger deutscher Zwangsarbeiter im Ausland, die deutschen Entschädigungsleistungen nach dem Bundesentschädigungsgesetz und die teilweise Besserstellung von Ausländern gegenüber Deutschen bei öffentlichen Leistungen in Deutschland.

Im zweiten Hauptteil seiner Rede wandte sich Hohmann gegen eine Stigmatisierung der Deutschen als „Tätervolk" im Hinblick auf die Verbrechen des Holocaust. Aus der Tatsache, dass aus einer maßgeblichen Beteiligung von Juden, die wegen ihres Atheismus in Wirklichkeit keine Juden waren, an der russischen Revolution nicht auf eine Eigenschaft aller auch heute lebenden Juden als „Tätervolk" geschlossen werden könnte, leitete er ab, dass auch die Deutschen unter den gleichen Voraussetzungen und den gleichen Ableitungsbedingungen kein Tätervolk seien. Als Ergebnis dieser Ableitung sagte er ausdrücklich: „Daher sind weder ‚die Deutschen', noch ‚die Juden' ein Tätervolk."

4. Ansprache vom 03.10.2003 enthält *keine* antisemitischen Äußerungen

Das Manuskript der Ansprache von MdB Martin Hohmann zum Nationalfeiertag am 3. Oktober 2003 hatte 1 1/2 zeilig 11 Seiten. Es wurde vieltausendfach vervielfältigt. Daher kann es als bekannt vorausgesetzt werden. Gleichwohl sei es als Anlage 3 beigefügt.

Das erste Drittel des Schriftraums handelt von den oben genannten Einzelbereichen der Gerechtigkeit in Deutschland, wie der Sozialhilfe, der Abfindung erfolgloser Manager in Millionenhöhe, den Zahlungen der Bundesrepublik Deutschland an die Europäische Union u.a., die mit Antisemitismus nicht im Entferntesten etwas zu tun haben. In diesem Drittel befinden sich also keine antisemitischen Äußerungen.

In den darauf folgenden Seiten geht es um den Beweis für den abschließenden Satz auf Seite 11 des Manuskripts:
„Meine sehr geehrten Damen und Herren, wir haben also gesehen, dass der Vorwurf an die Deutschen schlechthin, ‚Tätervolk' zu sein, an der Sache vorbeigeht und unberechtigt ist. Wir sollten uns in Zukunft gemeinsam gegen diesen Vorwurf wehren. Unser Leitspruch sei: Gerechtigkeit für Deutschland, Gerechtigkeit für Deutsche."

Auch das Ziel dieser Rede, den Vorwurf zu entkräften, dass die Deutschen ein „Tätervolk" seien, ist nicht antisemitisch.

Die Beweisführung zu dieser Aussage verläuft so, dass Hohmann zunächst seine Feststellungen auf Seite 5 zu beweisen versucht: „Kern bleibt der Vorwurf: Die Deutschen sind das ‚Tätervolk'." Auch bei dieser Ableitung werden „Juden" nicht erwähnt. Auch sie ist also nicht antisemitisch.

In seinem nächsten Schritt will Hohmann beweisen, dass die Deutschen kein „Tätervolk" seien. Hierzu führt er zunächst die französische Revolution an. In ihr seien vor der Machtübernahme „große Massaker in Paris und den Provinzen, besonders in der Vendee" vorgekommen (S. 5). Anschließend habe ein Alleinherrscher die Macht übernommen, „dessen Eroberungskriegszüge millionenfach Tod über Europa brachten". Er kommt zu dem Schluss: „Die Mehrheit französischer und außerfranzösischer Stimmen beschreiben dennoch die Revolution mit ihrem Terror als emanzipatorischen Akt und Napoleon als milden, aufgeklärten Vater des modernen Europa." (S. 5) Eine „solche gnädige Neubetrachtung oder Umdeutung" werde den Deutschen nicht gestattet.

Hier werde „fast neurotisch auf der deutschen Schuld beharrt", wie Joachim Gauck es am 01.10.2003 ausgeführt habe. Die Deutschen würden als „Tätervolk" betrachtet. Als Ergebnis seiner Aufklärungsarbeit bezeichnete der US-amerikanische Junior-Professor Daniel Jonah Goldhagen unser ganzes Volk als „Mörder von Geburt an". Insbesondere jüngere Menschen in Deutschland lehnten sich dagegen auf, für Verfehlungen von Großvätern und Urgroßvätern in Anspruch genommen und mit dem Verdikt „Angehöriger des Tätervolkes" belegt zu werden (S. 6).

Diese Äußerungen enthalten keinen Bezug auf „Juden". Auch sie sind nicht antisemitisch.

In den restlichen Seiten des Manuskriptes (45,5 % des Schriftraums) geht es Hohmann darum zu beweisen, dass die Deutschen kein „Tätervolk" seien. Hierzu stellte er zunächst die Frage, ob etwa das ganze jüdische Volk als „Tätervolk" bezeichnet werden könnte, nur weil verschiedene Autoren, wie der Autokönig Henry Ford, Juden als die für die Revolution in Russland und deren Verbrechen Verantwortlichen und andere Autoren Juden als die Väter des Sozialismus und des Kommunismus ausgemacht hätten, die sogar versucht hätten, aus dem Sozialismus eine Religion zu machen. Er führt dann im Einzelnen aus, dass Führerpersönlichkeiten jüdischer Herkunft maßgeblichen Einfluss auf die russische Revolution genommen hätten. Der hohe Anteil von Juden bei den kommunistischen Gründervätern und den revolutionären Gremien habe sich nicht auf die Sowjetunion beschränkt. Er sei auch in Deutschland, Österreich und Ungarn festzustellen gewesen. Hierzu heißt es:

> „Tatsächlich hat der Bolschewismus mit seinem kriegerischen Atheismus die umfassendste Christen- und Religionsverfolgung der Geschichte durchgeführt... Nach einer von russischen Behörden erstellten Statistik wurden zwischen 1917 und 1940 96.000 orthodoxe Christen, darunter Priester, Diakone, Mönche, Nonnen und andere Mitarbeiter nach ihrer Verhaftung erschossen." (S. 10)

Nun zeigt sich, dass Hohmann mit dieser Einlassung die These, dass die Deutschen ein „Tätervolk" seien, ad absurdum führen wollte, indem er unter den gleichen Voraussetzungen und mit dem gleichen Ableitungsverfahren, also mit der gleichen Logik nach einer „Täterschaft" der Juden fragen könnte. Ein solcher Rückschluss sei schon deshalb nicht möglich, weil es sich bei den russischen Revolutionären um Gottlose, ja um Religionsfeinde gehandelt habe.

Aus dieser Beweisführung schließt er auf S. 11: „Daher sind weder ‚die Deutschen', noch ‚die Juden' ein Tätervolk." Also gehe der Vorwurf an die Deutschen schlechthin, „Tätervolk" zu sein, an der Sache vorbei und sei unberechtigt (S. 11).

Die ganze Argumentation von Hohmann zielte also auf den Beweis, dass „die Juden" kein „Tätervolk" seien. Würde man unter den gleichen Voraussetzungen und dem gleichen Ableitungsverfahren „die Deutschen" als Tätervolk bezeichnen, dann ergäbe sich *ebenso*, dass „die Deutschen" kein Tätervolk seien.

Den Nachweis, dass die Juden *kein* „Tätervolk" sind, kann man nicht als antisemitisch bezeichnen. Er richtet sich nicht gegen Juden, sondern setzt sich im Gegenteil für deren Ehrenrettung ein. Hohmann hätte für diese Ableitung auch ein anderes Beispiel wählen können. Dass er hierfür gleichwohl die angebliche Beteiligung von Personen jüdischer Herkunft als Beispiel wählte, lässt vermuten, dass er hier sozusagen „zwei Fliegen mit einer Klappe schlagen" wollte, indem er zugleich den allgemein und in dem letzten Buch von Solschenizyn[11] problematisierten Vorwurf entkräftete, dass Juden maßgeblich an der russischen Revolution beteiligt waren. Ein solches Verhalten ist nicht antisemitisch, sondern dient im Gegenteil der Abwehr von Angriffen auf das Ansehen der Angehörigen des jüdischen Volkes.

Dass Hohmann sein Thema aus dieser Sicht bearbeitete, geht auch aus seinen Äußerungen auf S. 5 und S. 7 seiner Rede hervor:

„Das durch ihn (Hitler) veranlasste Verbrechen der industrialisierten Vernichtung von Menschen, besonders der europäischen Juden, lastet auf der deutschen Geschichte (...). Ganz zweifellos steht fest, das Deutsche Volk hat nach den Verbrechen der Hitlerzeit sich in einer einzigartigen, schonungslosen Weise mit diesen beschäftigt, um Vergebung gebeten und im Rahmen des Möglichen eine milliardenschwere Wiedergutmachung geleistet, vor allem gegenüber den Juden. Auf die Verträge zwischen der Bundesrepublik Deutschland und dem Staat Israel unter den Führungspersönlichkeiten Adenauer und Ben Gurion darf ich

---

11 Solschenizyn, A.: Zweihundert Jahre zusammen. Die Juden in der Sowjetunion, München 2003

verweisen. Zu der damals vereinbarten Wiedergutmachung bekennt sich die Mehrheit der Deutschen ganz ausdrücklich, wobei Leid und Tod in unermesslichem Maß nicht ungeschehen gemacht werden kann."
Damit ist festzustellen, dass die vorliegende Ansprache nicht antisemitisch war. Vielmehr war sie im Gegenteil darauf ausgerichtet zu beweisen, dass die Juden *kein* Tätervolk seien. Nur aus einem solchen Beweis konnte Hohmann ableiten, dass auch unter gleichen Voraussetzungen und einem gleichen Ableitungsverfahren die Deutschen nicht als Tätervolk bezeichnet werden können.

Zu dem gleichen Ergebnis kamen zahlreiche Äußerungen zu der politischen Verfolgung von Martin Hohmann MdB. So äußerte sich beispielsweise am 23.12.2003 der Oberrabbiner Moishe Arye Friedman von der orthodoxen jüdischen Gemeinde Österreichs wie folgt:

„**Orthodoxe Juden verteidigen Martin Hohmann!**
Der Oberrabbiner Moishe Arye Friedman von der orthodoxen jüdischen Gemeinde Österreichs hat unterdessen den aus der CDU ausgeschlossenen Abgeordneten Martin Hohmann verteidigt! Es sei ‚schlimm, dass es in Deutschland nicht möglich ist, sich gegenüber Israel, dem Zionismus oder auch den vom Glauben abgefallenen jüdischstämmigen Bolschewisten kritisch zu äußern', sagte Friedman der in Wien erscheinenden Wochenzeitung ‚Zur Zeit'. Für orthodoxe Juden seien ‚die wahren Antisemiten die, die mit den Zionisten zusammenarbeiten'. Israel trage ‚die Verantwortung für eine katastrophale Politik der ethnischen Säuberung, des Terrors und der Apartheid' ..."[12]

Ähnlich äußerte sich Prof. Dr. Norman G. Finkelstein, USA, am 09.11.2003 in der Sendung von Sabine Christiansen. Er erwähnte dezidiert, dass er bei der Ansprache von Martin Hohmann MdB vom 03.10.2003 in Wirklichkeit keine antisemitischen Äußerungen feststellen könne.

---

12 www.hagalil.com: Orthodoxe Juden verteidigen Martin Hohmann!, 23.12.2003

B. Politische Verfolgung von Martin Hohmann MdB

1. Die Falschmeldung des Journalisten Werner Sonne, ARD, am 30.10.2003, der CDU-Abgeordnete Martin Hohmann habe in einer Rede zum Tag der Deutschen Einheit die Juden ein „Tätervolk" genannt

Lange nach der Ansprache von Martin Hohmann MdB vom 3. Oktober 2003, nämlich am 30. Oktober 2003, veröffentlichte der Journalist Werner Sonne, ARD, im Internet unter www.hagalil.com gemäß Anlage 1 eine Meldung mit der Überschrift: „Rechtsradikal in der CDU: CDU-Abgeordneter nennt Juden ‚Tätervolk'".
Diese Meldung beginnt wie folgt:
> „Der CDU-Bundestagsabgeordnete Martin Hohmann hat in einer Rede zum Tag der Deutschen Einheit Verbrechen während der russischen Revolution mit dem Holocaust verglichen. Im Zuge dessen nannte er die Juden ein ‚Tätervolk' ..."

Dem Fernsehjournalisten Werner Sonne war gemäß seiner obigen Meldung der Inhalt der Rede von Hohmann wörtlich bekannt. Er berichtet bei seiner Meldung:
> „Die Rede war bis zum Donnerstag Abend auf der Internetseite der CDU Neuhof abrufbar ..."

Er musste sich also bei seiner obigen Meldung, Hohmann habe die Juden ein „Tätervolk" genannt, vollkommen klar darüber gewesen sein, dass er eine Falschmeldung abgab. Das Oberlandesgericht Frankfurt am Main hat in seinem Beschluss vom 10.03.2004 den Herausgebern des Magazins „Stern" aufgegeben, es zu unterlassen, wörtlich oder sinngemäß die Behauptung aufzustellen, Martin Hohmann MdB habe in seiner Rede vom 3. Oktober 2003 „die Juden als Tätervolk" bezeichnet. Für jeden Fall der Zuwiderhandlung ist ein Ordnungsgeld bis zu 250.000,00 Euro, ersatzweise Ordnungshaft oder Ordnungshaft bis zu 6 Monaten festgesetzt.

Die Meldung des Journalisten Werner Sonne, ARD, vom 30.10.2003, der CDU-Abgeordnete Martin Hohmann habe in einer Rede zum Tag der Deutschen Einheit die Juden ein „Tätervolk" genannt, war also auch gemäß dem Beschluss des Oberlandesgerichtes Frankfurt am Main vom 10.03.2004 falsch.

2. Rufmordkampagne der deutschen Medien gegen Martin Hohmann MdB

Nach der Meldung von Werner Sonne, ARD, am 30.10.2003 setzte eine flächendeckende Medienkampagne ein. Hierzu äußerte sich Stanley Schmidt in seinem Frühkommentar beim SFB am 15.11.2003 um 8.00 Uhr morgens:

„Die Treibjagd ist vorbei, das Wild erlegt. Der CDU-Abgeordnete Martin Hohmann ist aus der CDU/CSU-Bundestagsfraktion ausgeschlossen worden ..."

Hohmann, so hieß es in unzähligen Berichten und Kommentaren, habe die Juden wegen ihrer Verstrickung mit den Greueltaten der Bolschewiki als ‚Tätervolk' bezeichnet. Nur wenige dürften die vollständige Rede gelesen haben. Tatsächlich war Hohmann in ihr zu dem Schluss gekommen, dass man letztlich weder Deutsche noch Juden als ‚Tätervolk' bezeichnen könne ... Die CDU ist nach einer beispiellosen Medienkampagne schlicht eingeknickt, weil das Meinungsurteil in unserem Lande seinen Tribut fordert. Wer Verständnis äußert oder auch nur verstehen will, geht gleich mit über die Wupper. Wie unter Zwang haben in den letzten Tagen mehr oder weniger alle das gleiche gesagt. Wer nicht ins selbe Horn stieß, machte sich verdächtig ... Der Historiker Arnulf Baring sieht in dem Ausschluss Hohmanns ein Armutszeugnis für das liberale Grundverständnis unseres Landes ... ‚Dass einer etwas sagt, das vielen nicht passt, muss in einer freien Gesellschaft erlaubt sein. Der Fall Hohmann ist jedenfalls kein Gütesiegel für den Reifegrad unserer Demokratie'."[13]

Der Vorsitzende des Zentralrats der Juden in Deutschland, Paul Spiegel, äußerte sich gemäß der Internet-Meldung in Anlage 1 wie folgt:

„Der Vorsitzende des Zentralrats der Juden in Deutschland, Paul Spiegel, zeigte sich in der ARD entsetzt: ‚Die Äußerungen von Herrn Hohmann sind ein Griff in die unterste Schublade des widerlichen Antisemitismus.' Der Abgeordnete habe ‚die zarten Pflanzen der Aussöhnung zwischen Juden und Nichtjuden brutal zertreten'. Er habe mit der CDU-Vorsitzenden Angela Merkel bereits in der Angelegenheit gesprochen und die Frage gestellt,

---

13 Schmidt, Stanley: SFB, Frühkommentar am 15.11.2003, 8.00 Uhr morgens.

wie die CDU und der Bundestag mit solchen Äußerungen umgehe, so Spiegel weiter."

In der Meldung von Werner Sonne, ARD, vom 30.10.03 heißt es weiter:
> „Der innenpolitische Sprecher der SPD-Bundestagsfraktion, Dieter Wiefelspütz, forderte dagegen den Rücktritt Hohmanns: ‚Ich denke, dass im Deutschen Bundestag für Antisemiten kein Platz ist.' Die Rede sei eine unglaubliche Grenzüberschreitung."

Sowohl Paul Spiegel als auch Dieter Wiefelspütz haben nicht nachgewiesen, auf Grund welcher Tatsachen sie Martin Hohmann MdB als Antisemiten bezeichneten.

Es besteht zur Zeit in der Diskussion um die vorliegende Rede im Grunde weitgehend Übereinstimmung, dass Martin Hohmann sich in seiner Rede *nicht* antisemitisch geäußert hätte. Die Behauptung, er habe die Juden ein ‚Tätervolk' genannt, war offensichtlich eine Falschmeldung. Die hieraus abgeleitete Unterstellung, er sei ein Antisemit, war daher nicht berechtigt.

3. Verlegerwitwe Friede Springer droht Frau Angela Merkel mit wochenlanger Fortsetzung der Kampagne gegen Martin Hohmann, bis sie einen „harten Kurs" gegen Hohmann einschlägt

In einem Bericht des Haller Tagblatts, Amtsblatt für den Kreis Schwäbisch Hall, über den Parteitag der CDU am 01.12.2003 heißt es auf der Titelseite wie folgt:
> „Der Fall Hohmann erregt auch am Rande des Parteitages die Gemüter. Der Parteichefin, die dessen Fraktionsausschluss noch einmal verteidigte, wird von Kritikern aus der CDU vorgehalten, den harten Kurs gegen Hohmann erst nach einem Anruf ihrer engen Freundin Friede Springer eingeschlagen zu haben. Die Verlegerwitwe habe dabei mit wochenlanger Fortsetzung der Kampagne gedroht, die die ‚Bild'-Zeitung gegen den ‚CDU-Hetzer' eröffnet hatte."

AP/dpa/Hö

4. Ausschluss aus der CDU-Fraktion des Bundestages und „Rausschmiss" aus der CDU

Am 14. November 2003 wurde Martin Hohmann MdB aus der Bundestagsfraktion der CDU/CSU ausgeschlossen. Am 21.11.2003 stellte der Landesvorstand der CDU Hessen beim Landesparteigericht der CDU den Antrag, Martin Hohmann MdB aus der Christlich-Demokratischen Union und mit sofortiger Wirkung von der Ausübung seiner Rechte in der CDU auszuschließen.

Zur Begründung des Parteiausschlusses machte sich der Landesvorstand die Ausschlussbegründung der CDU/CSU-Bundestagsfraktion zu eigen und warf Martin Hohmann MdB vor, seine am 3. Oktober 2003 gehaltene Rede habe antisemitischen Charakter gehabt. Diese Äußerungen hätten der Fraktion in der Öffentlichkeit schweren politischen Schaden zugefügt. Darüber hinaus habe Martin Hohmann MdB in einem Gespräch mit dem stellvertretenden Fraktionsvorsitzenden Wolfgang Bosbach und dem ersten parlamentarischen Geschäftsführer Siegfried Kauder auf die Frage, ob er das von ihm Gesagte für völlig abwegig und falsch halte, ob er also seine Rede insgesamt zurücknehme und widerrufe, erklärt, dass er das nicht könne. Hierüber sei das Vertrauensverhältnis zwischen der Fraktion und Martin Hohmann MdB zerstört worden, so dass nur - als letzte Konsequenz - der Ausschluss aus der Fraktion übrig bleibe.

Der Landesvorstand hat in seiner Begründung weiter ausgeführt, es sei ausgeschlossen, dass die Partei zu einer anderen Wertung als die Fraktion gelange, da beide dieselben Grundsätze hätten. Martin Hohmann MdB habe daher der Partei Schaden zugefügt und sei aus der Partei auszuschließen, um im Deutschen Bundestag nicht weiter im Namen der CDU sprechen zu können.

Die Taktik der CDU bei dem Ausschluss Martin Hohmanns MdB aus der Bundestagsfraktion der CDU/CSU lag darin, ihn vor die Alternative zu stellen, entweder seine am 3. Oktober 2003 gehaltene Rede für völlig abwegig und falsch zu halten, insgesamt zurückzunehmen und zu widerrufen, weil sie antisemitischen Charakter gehabt hätte, oder aus der Bundestagsfraktion der CDU/CSU ausgeschlossen zu werden. Diese Alternative war eine Zwickmühle und hatte außerdem Alibi-Funktion. Würde Martin Hohmann MdB seine Rede vom 3. Oktober 2003 widerrufen, so müsste er letztendlich ihr bisheriges Thema „Gerechtigkeit für Deutschland" umbenennen in „Ungerechtigkeit für Deutschland". Überdies müsste er seine gesamte Rede abändern, um statt der abschließenden Feststellung:

> „Meine sehr geehrten Damen und Herren, wir haben also gesehen, dass der Vorwurf an die Deutschen schlechthin, ‚Tätervolk' zu sein, an der Sache vorbeigeht und unberechtigt ist. Wir sollten uns in Zukunft gemeinsam gegen diesen Vorwurf wehren. Unser Leitspruch sei: Gerechtigkeit für Deutschland, Gerechtigkeit für Deutsche."

das Gegenteil zu äußern:

> „Meine sehr geehrten Damen und Herren, wir haben also gesehen, dass der Vorwurf an die Deutschen schlechthin, ‚Tätervolk' zu sein, zutrifft und berechtigt ist. Wir sollten uns in Zukunft gemeinsam für diesen Vorwurf einsetzen. Unser Leitspruch sei: Ungerechtigkeit für Deutschland, Ungerechtigkeit für Deutsche."

Er hätte dann noch die grundlegende Feststellung in Seite 11 seiner Rede: „Daher sind weder ‚die Deutschen', noch ‚die Juden' ein Tätervolk" in das Gegenteil verkehren müssen: „Daher sind sowohl ‚die Deutschen', als auch ‚die Juden' ein Tätervolk".

Martin Hohmann MdB hatte aus gutem Grunde das „von ihm Gesagte" *nicht* „für völlig abwegig und falsch" gehalten. Er konnte also nicht wider besseres Wissen und Gewissen seine Rede gemäß den obigen Inhalten zurücknehmen, widerrufen und zu dem obigen gegenteiligen Ergebnis kommen.

Das Verfahren der Bundestagsfraktion der CDU/CSU gegenüber Martin Hohmann MdB war hinterhältig. Bei der Zwickmühle, in die er gebracht worden war, zog jede Version, gleichgültig wie er sich entschied, seine politische Vernichtung nach sich. Er folgte bei seiner Entscheidung seinem Gewissen, wie man dies von einem Bundestagsabgeordneten erwartet.

Nun mag noch eine Stimme aus dem Ausland, nämlich von Uwe Simon-Netto, Washington (Theologe und Journalist) zu Wort kommen:

„**Eine Stimme aus dem Ausland: Ein Tor, aber kein Hetzer.**
‚Was zum Teufel ist bei Euch los – ein Nazi in der CDU?' fragten mich in den letzten Tagen meine Freunde aus den USA. Einer, der lange Diplomat in Bonn war, fügte grinsend hinzu: ‚Oder haben wir es wieder einmal mit deutscher Hysterie zu tun?'
Nicht, dass die ausländischen Medien viel Aufhebens von der Hohmann-Affäre gemacht hätten. Sie veröffentlichten Agenturberichte aus der Bundesrepublik, und da stand, was auch in ‚Bild', ‚Welt' und im ‚Spiegel' zu lesen war: Martin Hohmann habe ‚die Juden als ein Tätervolk bezeichnet'.
Im Internet verfolgte ich, wie die Hohmannsche Missetat allmählich von einem Fauxpas zum Kapitalverbrechen mutierte. Erst schrieb ‚Spiegel-Online' vorwurfsvoll, Hohmann habe die Begriffe ‚Juden' und ‚Tätervolk' miteinander in Verbindung gebracht. Bald darauf war nur noch vom ‚Antisemiten Hohmann' die Rede. Bei ‚Bild' wurde Hohmann nur als ‚Hetzer' bezeichnet.
Es kostete mich viel Zeit, bis ich bei ‚Welt-Online' fand, was Hohmann wirklich sagte. Hohmann tat, was Journalisten ‚auf den Punkt schreiben' nennen. Sein Punkt war dieser: ‚Verbindendes Element des Bolschewismus und des Nationalsozialismus war ... die Gottlosigkeit. Daher sind weder ‚die Deutschen', noch ‚die Juden' ein Tätervolk. Mit vollem Recht kann man sagen: Die Gottlosen mit ihren gottlosen Ideologien, sie waren das Tätervolk des letzten, blutigen Jahrhunderts.' ‚Kein Tätervolk', sagte er. Noch einmal: ‚*Kein Tätervolk*'.
Die Medien hetzten.
Nicht Hohmann also war der Hetzer. Die Hetzer saßen in deutschen Redaktionen. Und Angela Merkel, CDU, kuschte vor ihnen und warf Hohmann aus der Bundestagsfraktion. Damit ist der Name der CDU nur noch ein Etikettenschwindel. Denn sie ist weder christlich (so gehen Christen nicht miteinander um) noch demokratisch (indem sie das Recht auf freie Meinungsäußerung aufgab und mit gezielten Falschzitaten einen der ihren guillotinierte).
Deutsche kennen kein Maß.
Um Missverständnissen vorzubeugen:
‚... Aber Torheit und Taktlosigkeit sind keine Kapitalverbrechen. Sie gehören gerügt, sind aber kein Anlass für eine öffentliche Hinrichtung. Die deutschen Massenmedien und ihr Pudel, die CDU, bestätigten in den letzten Tagen ein altes Vorurteil gegen die Deutschen, dass sie kein Maß kennen. Zudem plagt uns wieder einmal die Neigung, uns im Gleichschritt zu bewegen – diesmal im Medientakt. Nun ist Hohmann der Buhmann der Welt. Unsere Medien haben ihn dazu abgestempelt – mit Methoden, die Joseph Goebbels Freude machen würden. Ich hoffe nur, dass Hohmann jetzt nicht in das Extrem abwandert, in das unser Orwellscher Medienpöbel ihn längst ausgesiedelt hat. Damit würde er – ein Tor, aber kein antisemitischer Hetzer – uns über-

zeugten Christen und Demokraten wahrlich einen Bärendienst erweisen.'"[14]

5. Verbot der Teilnahme und persönlichen Rechtfertigung von Martin Hohmann MdB im Parteitag der CDU am 01.12.2003

Der Landesvorstand der CDU Hessen ließ es nicht zu, dass Martin Hohmann MdB am Parteitag der CDU am 01.12.2003 teilnahm. Damit machte er es ihm unmöglich, sich vor diesem Plenum in Rede und Gegenrede zu rechtfertigen; er verhinderte Demokratie.

Der Antrag auf Ausschluss eines Mitglieds aus der Partei lässt die aus der Mitgliedschaft folgenden Rechte dieses Mitglieds unberührt, bis über den Ausschlussantrag abschließend entschieden ist. Der Landesvorstand kann deshalb nach § 10 Abs. 5 Satz 4 PartG in dringenden und schwerwiegenden Fällen, die sofortiges Eingreifen erfordern, ein solches Mitglied einstweilen von der Ausübung seines Rechtes aus der Mitgliedschaft ausschließen, bis die zuständigen Parteigerichte rechtskräftig über den Antrag auf Parteiausschluss entschieden haben. Unter diesen Umständen hätte Martin Hohmann MdB als gewählter Delegierter des Landesverbandes an dem Bundesparteitag am 1. und 2. Dezember 2003 in Leipzig und an dem Landesparteitag im Frühjahr 2004 teilnehmen können. Nach Meinung des Landesvorstandes würden sich Auftritte von Martin Hohmann MdB ggf. verheerend auf die öffentliche Wahrnehmung dieser Veranstaltung auswirken, das mache sofortiges Eingreifen dringend erforderlich. Die Partei dürfe ihm keine Bühne für öffentliche Auftritte bieten. Aus diesem Grund hat der Landesvorstand der CDU Hessen nach dem Antrag auf Ausschluss aus der Partei beschlossen:

„2. Sie von der Ausübung Ihrer Rechte aus der Mitgliedschaft in der CDU auszuschließen, bis über den Antrag auf Parteiausschluss durch die zuständigen Parteigerichte rechtskräftig entschieden ist."

---

[14] Simon-Netto, Uwe (Washington), Theologe und Journalist. In: Spektrum, Nachrichten und Meinungen aus der evangelischen Welt, Nr. 47, Wetzlar, S. 17/18.

6. Erhaltene Strafanzeigen, die sich insgesamt als unberechtigt erwiesen

Am 03.11.2003 stellte der Zentralrat der Juden in Deutschland Strafanzeige gegen den Bundestagsabgeordneten Martin Hohmann wegen des Vorwurfs der Volksverhetzung, Beleidigung und Verunglimpfung des Andenkens Verstorbener. Die Staatsanwaltschaft bei dem Landgericht Fulda unterzog die zwei Themenkomplexe der Rede sorgfältig einer strafrechtlichen Würdigung. Insbesondere überprüfte sie in strafrechtlicher Hinsicht, ob § 130 und §§ 185-189 StGB in der vorliegenden Rede einen Straftatbestand verwirklichten. Sie gelangte zu dem Ergebnis, dass weder nach § 130 noch nach §§ 185-189 StGB Strafbarkeit vorliege. Da in der Rede von Martin Hohmann MdB kein Straftatbestand verwirklicht ist, war der Staatsanwaltschaft ein Tätigwerden nach § 152 Abs. 2 StPO verwehrt. Sie lehnte daher die Einleitung eines Ermittlungsverfahrens ab.

Am 06.11.2003 stellten die Freien Humanisten Niedersachsen, die in einer Körperschaft des öffentlichen Rechts zusammengeschlossen sind, Strafanzeige gegen den Bundestagsabgeordneten Martin Hohmann wegen des Vorwurfs der Beschimpfung von Bekenntnissen, Religionsgesellschaften und Weltanschauungsvereinigungen und der Volksverhetzung. Sie bezogen sich dabei auf die Rede Hohmanns vom 03.10.2003 über „Gerechtigkeit für Deutschland". Bei ihrer Prüfung stützte sich die Staatsanwaltschaft auf Art. 5 Abs. 1 Nr. 1 GG, der die Meinungsfreiheit schützt, und unterzog die Rede im Hinblick auf § 130 Abs. 1 und 2 StGB sowie § 166 Abs. 1 und 2 StGB einer sorgfältigen Prüfung. Auf dieser Grundlage gelangte sie zu dem Ergebnis, dass in der Rede des Angezeigten kein Straftatbestand verwirklicht ist. Damit war der Staatsanwaltschaft nach § 152 Abs. 2 StPO ein Tätigwerden verwehrt. Unter diesen Umständen musste sie die Einleitung eines Ermittlungsverfahrens ablehnen.

7. Debatte des Deutschen Bundestages über „Antisemitismus bekämpfen" am 11.12.2003

Am 11.12.2003[15] veranstaltete der Deutsche Bundestag eine vereinbarte Debatte über „Antisemitismus bekämpfen". Dieser Debatte lag ein Antrag aller Fraktionen, Drucksache 15/2164 vom 10.12.2003, gemäß Anlage 7 vor, der am 11. Dezember 2003 einstimmig angenommen wurde. In diesem Antrag heißt es unter anderem:
> „1. Der Deutsche Bundestag verurteilt jede Form des Antisemitismus. Antisemitisches Denken, Reden und Handeln haben keinen Platz in Deutschland.
> ...
> 4. Der Deutsche Bundestag beobachtet mit großer Sorge, dass antisemitische Ressentiments nicht nur bei Randgruppen, sondern weit in die Gesellschaft hinein spürbar sind.
> Wer Stereotype und Versatzstücke nationalsozialistischer Propaganda aufnimmt und neu zusammenfügt,
> wer ‚die Juden' sprachlich ausbürgert, indem er sie ‚den Deutschen' gegenüberstellt und sie damit zu Fremden im eigenen Land macht,
> wer die Ermordung der europäischen Juden relativiert,
> steht außerhalb der demokratischen Wertegemeinschaft.
> ..."

Dass es sich bei dieser Debatte um einen Teil der politischen Verfolgung von Martin Hohmann handelte, ergab sich schon aus der Eröffnungsansprache des Bundestagspräsidenten Wolfgang Thierse (SPD), der eingangs sagte:
> „Liebe Kollegen und Kolleginnen! Für diese Debatte haben wir schlechten Anlass. Auch nach fünf Jahrzehnten des demokratischen Konsenses und der historischen Aufklärung ist der Antisemitismus in Deutschland nicht überwunden; schlimmer noch: antisemitische Ressentiments sind keine Randerscheinung, sondern entfalten ihre fatale Wirkung auch in der Mitte unserer Gesellschaft bis hinein in dieses hohe Haus. Lassen Sie mich gerade wegen dieses Anlasses sagen: Es ist gut, dass wir diese Debatte führen. Noch besser ist es, dass alle Fraktionen des Deutschen Bundestages ohne Ausnahmen für diese Debatte eingetreten sind und sie gemeinsam eine Entschließung gegen den Antisemitismus erarbeitet und zur Abstimmung gebracht haben.
> (Beifall im ganzen Hause)

---

15 Deutscher Bundestag - 15. Wahlperiode – 82. Sitzung, Berlin, Donnerstag, den 11.12.2003, S. 7165-7267

Ich will an dieser Stelle sogleich auch ausdrücklich Verteidigungsminister Struck für seine unmissverständliche Personalentscheidung danken.
(Beifall bei der SPD und dem BÜNDNIS 90/DIE GRÜNEN)
Es geht aber, liebe Kolleginnen und Kollegen, heute um weit mehr als die bestürzenden Abstrusitäten eines einzelnen Abgeordneten. Es geht auch darum, dass es offenbar einen Bodensatz an latentem Antisemitismus gibt, der sich seit Jahren nicht verändert hat und der nach wie vor erschreckend hoch ist. Gerade erst hat das Magazin ‚Stern' via Umfrage ausgemacht, dass jeder fünfte Deutsche für judenfeindliche Vorurteile empfänglich sei. Da erscheint es geradezu symptomatisch, dass die Äußerungen des Herrn Hohmann erst so spät aufgefallen sind. Von seinen Zuhörern erfuhr er jedenfalls keinen Widerspruch. Viele meinen offenbar immer noch, für solche Äußerungen sei Platz in einer demokratischen Volkspartei ...
Für uns in Deutschland kommt die besondere geschichtliche Verantwortung für den Holocaust hinzu. Dieser Bruch in unserer Zivilisationsgeschichte ist zweifellos eine Last. Denn dadurch haben wir eine Vergangenheit, die nicht vergehen will; sie begleitet uns vielmehr und bricht immer wieder auf. Wir müssen mit dieser Vergangenheit leben, auch wenn niemand – weder bei uns noch im Ausland – die heutige Generation mit Schuld für diese Vergangenheit belastet.
Nichts wäre fataler, als die deutsche Geschichte – gewissermaßen aus einem unentwirrbaren Schuldzusammenhang heraus – misszuverstehen – im Sinne von Schuldweitergabe von Generation zu Generation. Die Kollektivschuldunterstellung namens ‚Tätervolk' ist irrational und falsch, ja das Wort gehört recht eigentlich in das Wörterbuch des Unmenschen ..."[16]

Und zum Schluss einen Ausschnitt aus der Rede von Hildegard Müller (CDU/CSU):

„Ich möchte hierbei beispielhaft zwei Dinge erwähnen. Das Erste ist die Eurobarometer-Umfrage, die das Gallup-Institut im Auftrag der EU-Kommission im Oktober dieses Jahres veröffentlicht hat. Bei dieser Erhebung sahen 59 Prozent der befragten Europäer in Israel eine Bedrohung für den internationalen Frieden. Diese Umfrage wurde sofort und undifferenziert veröffentlicht.
Das Zweite ist die von der Europäischen Beobachtungsstelle für Rassismus und Fremdenfeindlichkeit bislang unter Verschluss gehaltene Studie zum Antisemitismus in Europa, in dem eine deutliche Zunahme antisemitischer Vorfälle in praktisch allen EU-Staaten festgestellt wird. Warum diese Studie nicht veröffentlicht wurde, ist mir unverständlich..."[17]

---

16 ebenda, S. 7166
17 ebenda, S. 7187

Das Bemerkenswerte an der obigen Bundestagsdebatte und dem an deren Ende einstimmig angenommenen Antrag „Antisemitismus bekämpfen" bestand darin, dass weder in dem Beschluss „Antisemitismus bekämpfen" (Anlage 7) noch in der ganzen Bundestagsdebatte der Begriff „Antisemitismus" eindeutig definiert wurde. Dadurch wurde die ganze Bundestagsdebatte zu einer Art „Schattenboxen", bei dem bereits jeder Schlag in die Luft ein Treffer war.

Nur ging es Hohmann bei seiner Rede „Gerechtigkeit für Deutschland" um ein Sich-zur-Wehr-setzen gegen Deutschenfeindlichkeit, darum, dass die Deutschen *kein* „Tätervolk" seien und deswegen nicht benachteiligt werden dürften. Der Bundestag gründete seine Debatte dagegen auf den Anschuldigungen gegen Martin Hohmann, für die nach der Feststellung der Staatsanwaltschaft bei dem Landgericht Fulda kein Straftatbestand verwirklicht war. Über den eigentlichen Vorwurf, Martin Hohmann habe in seiner Rede vom 3. Oktober 2003 „die Juden als Tätervolk" bezeichnet, liegt inzwischen der oben erwähnte Beschluss des Oberlandesgerichtes Frankfurt am Main vom 10.03.2004 vor. Darin wird der Fa. Gruner + Jahr AG & Co. KG Druck- und Verlagshaus, die das Magazin „Stern" herausgibt und durch den Vorstandsvorsitzenden Bernd Kundun, Hamburg, vertreten ist, „aufgegeben, es bei Meidung eines vom Gericht für jeden Fall der Zuwiderhandlung festzusetzenden Ordnungsgeldes bis zu 250.000,00 Euro, ersatzweise Ordnungshaft oder Ordnungshaft bis zu 6 Monaten, zu vollstrecken am Vorsitzenden des Vorstandes, es zu unterlassen, wörtlich oder sinngemäß die Behauptung aufzustellen, der Antragsteller habe in seiner Rede vom 3. Oktober 2003 ‚die Juden als Tätervolk' bezeichnet."

Was wurde damit aus der Rede von Martin Hohmann „Gerechtigkeit für Deutschland", aus seiner These: Die Deutschen sind *kein* „Tätervolk"? Was wurde aus dem Wunsch von einer Mehrheit der Bevölkerung im Wahlkreis Fulda, nicht als „Tätervolk", als „Mörder von Geburt an" diffamiert und stigmatisiert zu werden, sich als Deutsche mit positiven Werten zu identifizieren und sich dagegen zur Wehr zu setzen, dass ihr gutes Verhältnis zu ihrer Umwelt zerstört wurde?

Auf einen Einwohner des Wahlkreises Fulda wirkt die Bundestagsdebatte vom 11. September 2003 wenig überzeugend. Wie sich aus dem ersten Abschnitt der Eröffnungsansprache des Bundestagspräsidenten Wolfgang Thierse ergibt, war die Rede Martin Hohmanns der Anlass dieser Debatte. Gleichwohl vermieden es sowohl Wolfgang Thierse als auch die Debattenredner zu erklären, welche Äußerungen Martin Hohmanns den ausreichenden Grund für ihre öffentlichen Anschuldigungen boten.

In der vorliegenden Form konnte überdies die Debatte nicht zu einem befriedigendem Ergebnis führen. Schon aus theoretischen Gründen hätte der Bundestagspräsident die Aussprache vorweg strukturieren müssen. Eine befriedigende Struktur hätte die Aussprache etwa bei folgendem Arbeitsablauf gehabt:

Thema: „Antisemitismus bekämpfen"
A. Was ist Antisemitismus?
1. Begriff und Problem des Antisemitismus
2. Analyse der Fakten
3. Analyse der Zusammenhänge der Fakten

B. Was können wir tun?
1. Möglichkeiten der Bekämpfung von Antisemitismus
2. Folgewirkungen der Handlungsalternativen

C. Was können wir erwarten, wenn wir es tun?
1. Grenzen einzelner Handlungsalternativen
2. Vorteile einzelner Handlungsalternativen
3. Nachteile einzelner Handlungsalternativen

D. Was sollen wir tun? Entscheidung!
1. Vergleich der Vorteile untereinander
2. Vergleich der Nachteile untereinander
3. Vergleich der wichtigsten Vor- und Nachteile miteinander
4. Konstruktion der vergleichsweise günstigsten Handlungsweise

E. Verwirklichung der Entscheidung
1. Planung
2. Organisation (generelle und fallweise Regelungen)
3. Kontrolle

F. Ausblick

Der Bundestag hatte offenbar die eigentliche Fragestellung vorweg im Zusammenhang mit dem Antrag Drucksache 15/2164 vom 10.12.2003 geprüft. Wie es dazu kam, als Titel „Antisemitismus bekämpfen" zu wählen, ist für einen Außenstehenden nicht ersichtlich. In zivilisierten Gesellschaften ist es üblich, im Falle von Konflikten zunächst eine gütliche Einigung zu suchen. Falls die gütliche Einigung nicht gelingt, wird die Entscheidungsfindung in die Hände von Rechtsvertretern gelegt. Wenn auch hierbei keine Einigung zustande kommt, wird der Streitfall einem Gericht übergeben. Dass jemand sofort den eigentlichen Kampf beginnt, entspricht nicht unserer freiheitlichen demokratischen Grundordnung.

Diese Form, Konflikte zu bewältigen, erkennt der Deutsche Bundestag im vorliegenden Falle offenbar nicht an. Er „bekämpft" sofort. Sein Prinzip ist im vorliegenden Fall nicht der Frieden und die Gerechtigkeit, sondern der Kampf. Der Gegner wird sofort zum Feind erklärt. Zu der Frage, wann das der Fall ist, äußert sich der Bundestag in dem bereits oben zitierten Punkt 4 seines Antrages.

Die hierin enthaltene Behelfsdefinition des Antisemitismus ist zu unscharf, um sich eine ausreichend vollständige Vorstellung darüber zu bilden, was im vorliegenden Falle unter diesem Begriff zu verstehen ist.

In der oben zitierten Rede von Hildegard Müller (CDU/CSU) wird die Eurobarometer-Umfrage zitiert, nach der 59 % der befragten Europäer in Israel eine Bedrohung für den internationalen Frieden sahen. Reicht eine solche Meinung bereits dafür aus, als Antisemit zu gelten? Diese Meinung teilten nach der Europabarometer-Umfrage 59 % der befragten Europäer, also auch der Deutschen.

„Antisemitisches Denken, Reden und Handeln hat keinen Platz in Deutschland." So lautet der zweite Satz des vorliegenden Antrages. Ist jetzt für 59 % der Deutschen kein Platz mehr hier in Deutschland? Müssen solche Querdenker auswandern? Der Bundestag hat es offengelassen, in welcher Form er jene bekämpfen wird, die bisher glaubten, dass sie in ihrem deutschen Rechtsstaat auch das denken und meinen dürfen, was dem Deutschen Bundestag nicht passt.

8. „Tätervolk" als Unwort des Jahres 2003 wird fälschlicherweise Martin Hohmann MdB zugeschrieben

Die Deutsche Welle veröffentlichte am 20.01.2004 folgende Meldung:

„'Tätervolk' ist das Unwort des Jahres 2003
Das Unwort des Jahres 2003 heißt ‚Tätervolk'. In der Begründung der bei der Frankfurter Goethe-Universität angestellten unabhängigen Jury hieß es, der Begriff sei schon grundsätzlich verwerflich. Der Bundestagsabgeordnete Martin Hohmann hatte als CDU-Parlamentarier diesen Ausdruck in einer Rede benutzt, die als antisemitisch kritisiert wurde. Hohmann wurde auf Grund seiner Äußerungen später aus der Partei ausgeschlossen. – Mit dem Unwort des Jahres werden sprachliche Missgriffe in der öffentlichen Kommunikation bezeichnet. Die Juroren hatten diesmal aus mehr als 2200 Zuschriften einen Begriff auszuwählen."[18]

Gleichzeitig wurde mit einer Fotografie des Jury-Sprechers Schlosser, der das Wort „Tätervolk" auf eine Tafel schreibt, folgender Text veröffentlicht:

„Jury: ‚Tätervolk' ist ‚Beleg für Antisemitismus'
Die Entscheidung ist gefallen: ‚Tätervolk' heißt das Unwort des Jahres 2003. Der Begriff wurde vom ehemaligen CDU-Bundestagsabgeordneten Martin Hohmann verwendet. Das Wort sei an sich schon verwerflich, erklärte die unabhängige Jury in Frankfurt, da es ein ganzes Volk für die Taten einer Gruppe verantwortlich mache. Die Verbindung des Begriffes mit jüdischer Bevölkerung ist aus Sicht der Jury ‚ein aktueller Beleg für den immer noch wirkenden Antisemitismus'."

Wie der obige Vorgang beweist, handelt es sich, wie der Theologe und Journalist Uwe Simon-Netto, Washington/USA richtig darstellte, bei der politischen Verfolgung von Martin Hohmann um eine flächendeckende organisierte Hetzkampagne, die nicht einmal vor einer politischen Lüge zurückschreckte. Bemerkenswert ist hierbei, dass der Medienterror gegenüber Hohmann sogar die „unabhängige" Jury der Frankfurter Goethe-Universität für Missgriffe in der öffentlichen Kommunikation für sich einsetzen konnte.

Die Befangenheit – oder Fehlinformation - dieser Kommission geht überdies daraus hervor, dass sie behauptete,

---

18 www.dw-world.de vom 21.01.2004

Hohmann sei aus der Partei ausgeschlossen worden, und dass sie von einem „ehemaligen" CDU-Bundestagsabgeordneten sprach. Das Parteiausschlussverfahren von Martin Hohmann ist noch nicht abgeschlossen, und Martin Hohmann ist weiterhin CDU-Bundestagsabgeordneter. Zum dritten wählt die Jury für ihre Erklärungen die Überschrift: „‚Tätervolk' ist ‚Beleg für Antisemitismus'". Auch dies ist falsch. Lange vor Hohmann hatte bereits Paul Spiegel, der Vorsitzende des Zentralrats der Juden in Deutschland, „die Deutschen" als „das Volk der Täter und deren Nachkommen" bezeichnet.[19]

Das Wort „Tätervolk" stammt also nicht von Martin Hohmann. Es war auch kein „Beleg für Antisemitismus". Martin Hohmann ist weiterhin Bundestagsabgeordneter und kein „ehemaliger Bundestagsabgeordneter", und das Parteiausschlussverfahren ist noch nicht abgeschlossen. Die Organisatoren der Hetze gegen Martin Hohmann haben also in der Jury der Frankfurter Goethe-Universität eine Mitarbeiterin gefunden, die zur Wahrheit in einem gestörten Verhältnis steht oder ungeprüft Meldungen übernimmt. Die negativen Folgen dieser weltweit verbreiteten üblen Nachrede und Verleumdung gegen Martin Hohmann sind nicht abzusehen.

9. Oberlandesgericht Frankfurt am Main untersagt es dem Magazin „Stern", Hamburg, wörtlich oder sinngemäß die Behauptung aufzustellen, Martin Hohmann MdB habe in seiner Rede vom 03.10.2003 „die Juden als Tätervolk" bezeichnet

Das Magazin „Stern", Hamburg, veröffentlichte in seiner am 23.12.2003 erschienenen Ausgabe 1/2004 eine Chronik für das Jahr 2003, in der die wichtigsten Ereignisse des Jahres in chronologischer Folge mitgeteilt wurden. Unter dem Datum 3. Oktober heißt es dort:

---

19 Spiegel, Paul: Was ist koscher? Jüdischer Glaube – Jüdisches Leben, 3. Aufl., Ullstein Verlag, München 2003, S. 301

„Der hessische CDU-Abgeordnete Martin Hohmann bezeichnete in seiner Rede zum Tag der Deutschen Einheit die Juden als ‚Tätervolk'. Dafür wird er Mitte November aus der CDU-Bundestagsfraktion ausgeschlossen."

Martin Hohmann hatte die Herausgeber des Magazins „Stern" auf Unterlassung der Äußerung in Anspruch genommen, er habe die Juden als Tätervolk bezeichnet. Das habe er nicht getan. Im Gegenteil habe er mit seiner Rede herausarbeiten wollen, dass weder die Deutschen noch die Juden als Tätervolk bezeichnet werden könnten. Mit Anwaltsschreiben vom 30.12.2003 hat Martin Hohmann MdB die Herausgeber des Magazins „Stern" erfolglos aufgefordert, sich ihm gegenüber zu verpflichten, es zu unterlassen, wörtlich oder sinngemäß die Behauptung aufzustellen, er habe in seiner Rede am 3. Oktober 2003 „die Juden als Tätervolk" bezeichnet. Das Landgericht Fulda hat einen entsprechenden Antrag auf Erlass einer einstweiligen Verfügung am 22.01.2004 zurückgewiesen. Die sofortige Beschwerde bei dem Oberlandesgericht Frankfurt am Main hatte dagegen Erfolg. Das Oberlandesgericht Frankfurt am Main beschloss am 10.03.2004:

„Auf die sofortige Beschwerde des Antragstellers wird der Beschluss der 2. Zivilkammer des Landgerichts Fulda vom 22.01.2004 abgeändert. Der Antragsgegnerin wird aufgegeben, es bei Meidung eines vom Gericht für jeden Fall der Zuwiderhandlung festzusetzenden Ordnungsgeldes bis zu 250.000,00 Euro, ersatzweise Ordnungshaft oder Ordnungshaft bis zu 6 Monaten, zu vollstrecken am Vorsitzenden des Vorstandes, es zu unterlassen, wörtlich oder sinngemäß die Behauptung aufzustellen, der Antragsteller habe in seiner Rede vom 3. Oktober 2003 ‚die Juden als Tätervolk' bezeichnet.

Die Kosten des Verfahrens in beiden Rechtszügen hat die Antragsgegnerin zu tragen."

C. Besondere Zusammenhänge

1. Die Bezeichnung der Deutschen als „Tätervolk"

Das Wort „Tätervolk" ist wahrscheinlich uralt und dürfte sinngemäß bereits im Alten Testament vorkommen. Dies ist in etwa dem klassischen Rufmord-Beispiel des Alten Testaments: *Nabots Weinberg* zu entnehmen. Damals war Ahab König von Israel. Er hatte seinen Wohnsitz in Samaria. Neben seinem Palast hatte Nabot aus Jesreel einen Weinberg, den Ahab gerne erworben hätte und den Nabot nicht abgab.

Isebel, die Frau Ahabs, schrieb daraufhin Briefe im Namen Ahabs, versah sie mit seinem Siegel und schickte sie an die Ältesten und Vornehmen. In diesem Brief schlug sie vor, „zwei nichtswürdige Männer" als Zeugen gegen Nabot auftreten zu lassen mit der Falschaussage, Nabot habe Gott und den König gelästert. Deshalb müsse Nabot zu Tode gesteinigt werden. So geschah es auch. Nabot wurde verurteilt und zu Tode gesteinigt. Daraufhin nahm Ahab dessen Weinberg in Besitz.

Da erging das Wort des HERRN (also Gottes) an Elija aus Tischbe, er solle zu Ahab gehen und ihm mitteilen, dass der HERR ihn mit dem Tode bestrafen und alle seine männlichen Nachkommen ausrotten werde. Der Grund hierfür war: „Weil du mich zum Zorn gereizt und Israel zur Sünde verführt hast." Aus diesem Beispiel ist möglicherweise bereits der Schluss erlaubt, dass die Untaten Ahabs, des Königs von Israel, aus der Sicht des HERRN Israel zur Sünde verführt haben. Damit wurde auch Israel aus der Sicht des HERRN als Volk schuldig („Tätervolk"). Der Bibeltext hierzu lautet:

„[20]Ahab sagte zu Elija: Hast du mich gefunden, mein Feind? Er erwiderte: Ich habe dich gefunden. Weil du dich hergabst, das zu tun, was dem Herrn missfällt,[21] werde ich Unheil über dich bringen. Ich werde dein Geschlecht hinwegfegen und von Ahabs Geschlecht alles, was männlich ist, bis zum letzten Mann in Israel ausrotten,[22] weil du mich zum Zorn gereizt und Israel zur Sünde verführt hast, werde ich mit deinem Haus verfahren, wie mit dem Haus Jerobeams, des Sohnes Nebats, und mit dem Haus Baschas, des Sohnes Ahijas.[23] Und über Isebel verkündete der Herr: Die Hunde werden Isebel an der Mauer von Jesreel auffressen."[20]

Als Beispiel für die derzeitige Verwendung des Wortes „Tätervolk" in Bezug auf die Deutschen von jüdischer Seite aus sei Rafael Seligmann zitiert:

„Das schlechte Gewissen des Tätervolkes bedingt, dass die Deutschen versuchen, sich von der Schuld freizukaufen mit Geld und der Bereitschaft, sich so manche Chuzpe bieten zu lassen. Etwa die verworrene Vererbungslehre eines Henryk M. Broder: ‚Ihr seid die Kinder eurer Eltern', will heißen, Ihr Deutschen seid zu ewigem ‚Antisemitismus' verurteilt."[21]

Hohmann zitierte Daniel Jonah Goldhagen, der „als Ergebnis seiner Aufklärungsarbeit das ganze Volk der Deutschen als „Mörder von Geburt an" bezeichnet (Anlage 3).

Michael Wolffsohn benutzt den Begriff „Tätervolk" in seinem Buch „Die Deutschland-Akte: Juden und Deutsche in Ost und West" als Titel eines Kapitels „Tätervolk belehrt Opfervolk".[22]

Am Ende seines Buches „Was ist koscher? Jüdischer Glaube – Jüdisches Leben" bezeichnet Paul Spiegel, Vorsitzender des Zentralrats der Juden in Deutschland, ebenfalls die Deutschen im Zusammenhang mit dem Holocaust als „das Volk der Täter und deren Nachkommen".[23]

Wenn Paul Spiegel die Ansicht vertritt, dass die (in Wirklichkeit nicht erfolgte) Äußerung von Martin Hohmann MdB, die Juden seien ein Tätervolk, antisemitisch sei, dann ist analog seine obige Äußerung deutschenfeindlich.

Typische Folgen deutschenfeindlicher Äußerungen, in denen Deutsche als „Tätervolk" oder als „Mörder von Geburt an" diffamiert und stigmatisiert werden, seien an einem kleinen Beispiel verdeutlicht:

---

20 Die Bibel: Einheitsübersetzung der Heiligen Schrift, hrsg. im Auftrag der Bischöfe Deutschlands, Stuttgart 1980, S. 366 (Das erste Buch der Könige, Nabots Weinberg: 21,1 bis 29)
21 Seligmann, Rafael: Gegen ein deutsches Holocaust Memorial, In: Der Denkmalstreit – das Denkmal?, Hrsg. Heimrot, Ute u.a., Philo Verlagsgesellschaft mbH, Berlin 1999, S. 135 f
22 Wolffsohn, Michael: Die Deutschland-Akte: Juden und Deutsche in Ost und West; Tatsachen und Legenden, München 1995, S. 215
23 Spiegel, Paul: Was ist koscher? Jüdischer Glaube – Jüdisches Leben, 3. Aufl., München 2003, S. 301

Froh und glücklich fährt ein älteres Ehepaar in der Schweiz mit der Eisenbahn von Lugano nach Zürich. Unterwegs steigt ein etwa 40jähriger Vater mit seiner etwa 8jährigen Tochter in das Zugabteil zu. Das ältere Ehepaar unterhält sich über rundherum erholsame Urlaubstage in Lugano auf Deutsch. Nach einiger Zeit fragt der Zugestiegene: „Sind Sie Deutsche?" Als diese Frage bejaht wird, sagt der Vater zu seiner Tochter: „Sieh Dir die Beiden an, so sehen die Mörder Deiner Großeltern aus."

2. Der christliche Glaube als Grundlage des in Deutschland vorwiegend geltenden Sittengesetzes

Dem in Deutschland herrschenden Sittengesetz liegt weitgehend der christliche Glaube zugrunde. Ziel der Christen ist es, ein Reich des Friedens und der Gerechtigkeit zu errichten, wobei im Zusammenhang mit der Gerechtigkeit Vergebung an die Stelle der Vergeltung gesetzt wird.

Jesus dürfte seinem Glauben unter anderem den zoroastrischen Glauben zugrundegelegt haben, der auf Zarathustra (geboren um 630 v.Chr.) zurückgeht. Nach dessen Lehre bekam Gott (Ahura Mazda) einen Zwilling, einen guten und einen bösen Geist. Beide errichteten ihre eigenen Reiche. Weil nach dem Wunsch Gottes der gute Geist obsiegen sollte, nannte ihn Zarathustra den „Heiligen Geist" (Spenta Mainyu).[24]

Der böse Geist hieß bei ihm dem gegenüber „Satan".[25]

Von nun an war der Mensch bei all seinen Handlungen auf Erden vor die Wahl zwischen Gut und Böse gestellt. Er handelte nicht mehr wie früher danach, wie es ihm sein Schicksal vorherbestimmt hatte, sondern konnte bei allen seinen Entscheidungen selbst zwischen Gut und Böse wählen. Damit handelte er nunmehr selbstverantwortlich. Gute Taten wurden belohnt, schlechte Taten, das heißt Sünden, bestraft. Damit war gleichzeitig die Schuld für eine Sünde an den jeweiligen Menschen persönlich geknüpft. Er allein

---

24 Bellinger, Gerhard J.: Knaurs großer Religionsführer, München, Neuaufl. 1990, S. 420
25 Wedemeyer, Inge v.: Zarathustra, Heiler des Lebens. Leben, Legende und Lehre. F. Hirthammer Verlag, München 1995, S. 128

war für seine Schuld verantwortlich, nicht aber andere, etwa seine Familienangehörigen, seine Nachkommen, seine Gemeinde oder gar sein Volk. Dies bedeutet, dass Schuld die persönliche Teilnahme oder Billigung voraussetzt und nur mit einer freien und damit zurechenbaren persönlichen Entscheidung vereinbar ist.

In letzter möglicher Verallgemeinerung war nach dieser Religion ein Anhänger des zoroastrischen Glaubens eine Beziehung, in der Beziehungsträger der Mensch, Beziehungsziel die Harmonie und Beziehungsgrund ein Handeln nach dem Prinzip der Gerechtigkeit war.

Jesus übernahm dieses Grundmuster für das Verhaltensgebot eines Menschen in seiner Umwelt, ersetzte aber bei dem Beziehungsziel die Harmonie durch den Frieden. Damit war ein Christ in seinen Verhältnissen gegenüber seinen Mitmenschen letztlich eine Beziehung, in der Beziehungsträger der jeweilige Mensch, Beziehungsziel der Frieden und Beziehungsgrund ein Handeln nach dem Prinzip der Gerechtigkeit war.

Frieden war dabei so zu verstehen, dass die Menschen untereinander in Harmonie leben und nach Eintreten veränderter Lebensbedingungen ihre Konflikte ohne Anwendung von Gewalt lösen.

Das Prinzip der *Gerechtigkeit* fasste Jesus nach Matthäus 7,12 in „die goldene Regel" zusammen: „Alles, was ihr also von anderen erwartet, das tut auch ihnen!"

Das Prinzip der Gerechtigkeit wurde von Thomas von Aquin später in seinem Teilbereich der sozialen Gerechtigkeit als Gerechtigkeit in einer Gemeinschaft von Menschen dem Sinne nach wie folgt formuliert:

Leistung und Gegenleistung müssen sich entsprechen. Wenn ein Angehöriger einer Gemeinschaft eine Leistung an Angehörige oder Organe seiner Gemeinschaft abgibt, dann ist die Gemeinschaft verpflichtet, ihm eine Gegenleistung von gleichem Wert zukommen zu lassen. Würde die Gegenleistung mehr wert sein als die erhaltene Leistung, dann würde der Leistende bevorteilt sein. Wäre aber die Gegenleistung weniger wert als die erhaltene Leistung, dann würde der Leistende benachteiligt werden. Also solle die Gegenleistung so erfolgen, dass sich Leistung und Gegenleistung ihrem Werte nach entsprechen.

Dieses Prinzip der sozialen Gerechtigkeit ist später von Karl Marx als sozialistisches Prinzip „Jedem nach seiner

Leistung" formuliert und dem kapitalistischen Prinzip „Jedem nach seiner Macht" und dem kommunistischen Prinzip „Jedem nach seinem Bedürfnis" gegenübergestellt worden.

Im Zusammenhang mit der Gerechtigkeit spielten in der Lehre Jesu die Prinzipien der Vergeltung und der Vergebung eine zentrale Rolle. Jesus bezieht sich bei seinem Prinzip der Vergebung auf den Vergeltungsbegriff im ersten Buch Mose 4,23-24. Dort heißt das Vergeltungsprinzip:

„[23]Lamech sagte zu seinen Frauen: Ada und Zilla, hört auf meine Stimme, ihr Frauen Lamechs, lauscht auf meine Rede / Ja, einen Mann erschlug ich für eine Wunde / und einen Knaben für eine Strieme.

[24]Wird Kain siebenfach gerächt / dann Lamech siebenundsiebzigfach."

(Anmerkung: „Kain ist nicht als Individuum als Sohn des Erstelternpaares gemeint, sondern als Repräsentant des Nomadenstammes der Keniter; die Erzählung handelt demnach von der Entstehung und Eigenart dieses Stammes.")[26]

Über die *Pflicht zur Vergebung* heißt es bei Matthäus 18,21-22:

„[21]Da trat Petrus zu ihm und fragte: Herr, wie oft muss ich meinem Bruder vergeben, wenn er sich gegen mich versündigt? Siebenmal?

[22]Jesus sagte zu ihm: Nicht siebenmal, sondern siebenundsiebzigmal."

Die Gegenüberstellung der beiden obigen Textstellen zeigt, dass sich Jesus bei seinem Prinzip der Vergebung auf das Prinzip der Vergeltung aus dem 1. Buch Mose bezogen hat. Jesus hat den Übergang von dem Prinzip der Vergeltung zu dem Prinzip der Vergebung an dem Ohrfeigen-Beispiel des Neuen Testaments gemäß Matthäus 5,38-42 erklärt. Dort heißt es:

„[38]Ihr habt gehört, dass gesagt worden ist: Auge für Auge und Zahn für Zahn. [39]Ich aber sage euch: Leistet dem, der euch etwas Böses antut, keinen Widerstand, sondern wenn dich einer auf die rechte Wange schlägt, dann halt ihm auch die andere hin."

Dieses Beispiel wurde wohl von den Evangelisten verkürzt dargestellt. Es dürfte ungekürzt gelautet haben:

„Wenn dich einer auf die rechte Wange schlägt, und du schlägst nach dem Vergeltungsprinzip ‚Auge für Auge und Zahn für Zahn' zurück, dann hast du

---

26 Westermann, Klaus: Genesis 1-11, 5. Aufl., Darmstadt 1993, S. 40

1. das Problem nicht gelöst, weswegen du die Ohrfeige erhalten hast. Es bleibt weiter bestehen.
2. Du hast nunmehr ein neues zweites Problem geschaffen: Du musst die Verantwortung für die Folgen deiner Gewaltanwendung tragen.
3. Wenn du nach dem Vergeltungsprinzip des 1. Buch Mose zurückschlägst, indem du dich an deinem Gegner nicht siebenfach, sondern siebenundsiebzigfach rächst, und der Gegner handelt nach dem gleichen Vergeltungsprinzip, dann hast du ein drittes Problem: Du setzt eine Spirale der Gewalt in Gang, an deren Ende du selbst schwer beschädigt oder vernichtet bist.
4. Also vergebe und halte ihm besser die andere Wange hin."

Es ist für jedermann sofort einsichtig, dass Vergeltung gemäß den obigen Folgen keine Lösung von Problemen darstellt. Im Gegenteil vermehrt sie die bestehenden Probleme noch und setzt einen Teufelskreis der Gewalt in Gang, an dessen Ende der angerichtete Schaden den angestrebten Nutzen übersteigt. Sie ist also unvernünftig.

Es ist wenig bekannt, dass das Christentum sich vor etwa 2000 Jahren vom Judentum zu einem großen Teil wegen des Prinzips der Vergeltung löste. Dabei hatte aber auch noch eine weitere Frage eine Rolle gespielt: die *Kollektivschuld*. Auch diese Sicht wurde von der christlichen Glaubenslehre überwunden.

Die Frage der Selbstverantwortlichkeit des einzelnen Menschen wurde, wie oben erwähnt, von Zarathustra aufgeworfen. Nach dessen Glauben handelte der Mensch bei seinen Entscheidungen zwischen Gut und Böse selbstverantwortlich. Damit war er auch für eine etwaige Schuld selbst verantwortlich, nicht aber andere, etwa seine Familienangehörigen, seine Nachkommen, seine Gemeinde oder gar sein Volk. Die gleiche Regelung gilt im deutschen Strafrecht. Die Straftat ist persönlich an den Straftäter geknüpft, nicht aber an die Angehörigen seiner Familie, seine Nachkommen, seine Gemeinde oder gar sein Volk.

Kurzum: Der christliche Glaube fordert von dem einzelnen Menschen und von den Gemeinschaften einzelner Menschen ein Handeln mit dem Ziel des Friedens, der durch die Anwendung des Prinzips der Gerechtigkeit bzw. der sozialen Gerechtigkeit erreicht wird. Ein solches Handeln ist damit der christliche Maßstab dafür, ob und inwieweit ein Mensch oder eine Gemeinschaft richtig gehandelt, also selbstverantwortlich zwischen Gut und Böse entschieden hat.

3. Soziale Gerechtigkeit als Grundlage des in Deutschland geltenden Rechts

Das deutsche Recht geht davon aus, dass es sich bei dem deutschen Volk und der Bundesrepublik Deutschland um eine *Gemeinschaft* handelt. Eine Gemeinschaft ist dabei eine die einzelnen Mitglieder einer Vereinigung innerlich aneinander bindende Lebens- und Schicksalsverbundenheit, die sich aus einem gemeinsamen Schicksal oder aus der Einheit der Gesinnung wie von selbst ergibt und daher die einzelnen Menschen dieses Sozialgebildes innerlich aneinander bindet. Insofern ist eine Gemeinschaft eine Gesinnungsgemeinschaft, die sich organisiert, um durch ihre Tätigkeit die ihr eigentümliche Aufgabe, das Gemeinwohl, zu verwirklichen.

Die Gemeinschaft regelt die Ordnung ihrer interpersonalen Beziehungen in einer Gemeinschaftsordnung, ihrem eigenen Recht, das als Lebensordnung der Gemeinschaft gemeinschaftsbildend ist. In der Bundesrepublik Deutschland ist diese Gemeinschaftsordnung im Grundgesetz geregelt und identisch mit dem geltenden Recht. Auf die Mitglieder der Gemeinschaft sind die Rechte und Pflichten, aber auch die Vorteile und Nachteile gemäß ihrer Gliedstellung zu verteilen. Die Mitglieder der Gemeinschaft haben einander zu gewähren, was jedem nach dem Recht der Gemeinschaft zusteht. Wenn ein Mitglied der Gemeinschaft eine wirtschaftliche Leistung erbringt, hat es um der Gemeinschaft und des Gemeinwohls Willen Anspruch auf eine gleichwertige Gegenleistung (soziale Gerechtigkeit). Insofern ist das Recht der Gesamtheit zu regeln, nach dem das Verhalten der Gemeinschaftsmitglieder untereinander einerseits und gegenüber den Organen der Gemeinschaft andererseits erfolgen soll. Ziel der Gemeinschaft ist dabei das Gemeinwohl. Dieses Gemeinwohl wird angestrebt mit Hilfe eines Handelns nach dem Prinzip der sozialen Gerechtigkeit.

Abschließend sei auf Art. 1 GG (Schutz der Menschenwürde) verwiesen:

„(2) Das deutsche Volk bekennt sich darum zu unverletzlichen und unveräußerlichen Menschenrechten als Grundlage jeder menschlichen Gemeinschaft, des Friedens und der Gerechtigkeit in der Welt."

Daraus folgt, dass die beiden Grundwerte des Christentums, nämlich Frieden und Gerechtigkeit, den im Grundgesetz formulierten Grundrechten zugrunde liegen. Die freiheitlich demokratische Grundordnung der Bundesrepublik Deutschland hat also als Grundlage die christlichen Grundwerte von Frieden und Gerechtigkeit übernommen. Sie ist daher im Grunde eine an christlichen Grundprinzipien orientierte Verfassung.

Im deutschen Strafrecht dürfte im vorliegendem Falle § 187a *Üble Nachrede und Verleumdung gegen Personen des politischen Lebens* einschlägig sein:

(1) Wird gegen eine im politischen Leben des Volkes stehende Person öffentlich, in einer Versammlung oder durch Verbreiten von Schriften (§ 11 Abs. 3) eine üble Nachrede (§ 186) aus Beweggründen begangen, die mit der Stellung des Beleidigten im öffentlichen Leben zusammenhängen, und ist die Tat geeignet, sein öffentliches Wirken erheblich zu erschweren, so ist die Strafe Freiheitsstrafe von drei Monaten bis zu fünf Jahren.
(2) Eine Verleumdung (§ 187) wird unter gleichen Voraussetzungen mit Freiheitsstrafe von sechs Monaten bis zu fünf Jahren bestraft.

4. Zusammenhänge mit politisch-operativen Methoden des Ministeriums für Staatssicherheit der ehemaligen DDR (MfS)

Auf den ersten Blick fällt der Zusammenhang zwischen der politischen Verfolgung von Jürgen Möllemann MdB, Vorstandsmitglied der FDP, und der politischen Verfolgung von Martin Hohmann MdB auf. Möllemann hatte vor der letzten Bundestagswahl einen Flyer herausgebracht, dem antisemitische Inhalte nachgesagt wurden. Von einem Tag auf den anderen stellten sich die deutschen Medien auf eine umfassende Hetzkampagne gegen den angeblichen Antisemiten Möllemann um. An dieser Hetze beteiligten sich praktisch alle wichtigen zentralen Medien der Bundesrepublik Deutschland. Nachdem Jürgen Möllemann auf diese Weise (ausreichend) diskriminiert war, beschloss die Fraktion der FDP seinen Ausschluss aus der Fraktion. Dieser fand auch örtlich statt: Jürgen Möllemann musste sich auf einen abgesonderten Sitz im Plenum des Bundestags setzen. Damit wurde er als angeblicher Antisemit angeprangert und isoliert. Die weitere politische Verfolgung in einer unaufhörlichen Flut von diskriminierenden Veröffentlichungen dürfte dazu geführt haben, dass er schließlich den Freitod wählte.

Das hier beschriebene Ablaufschema der Maßnahmen erinnert an eine Methode des früheren Staatssicherheitsdienstes der DDR, die „Zersetzung". Nach amtlicher Sprachregelung des Ministeriums für Staatssicherheit der ehemaligen DDR (MfS) ist „Zersetzung" eine „operative Methode des MfS".[27] Dort werden drei aufeinander abzustimmende „Maßnahmen" als Vollstreckungsabschnitte genannt, deren Durchführung vom Führungsoffizier des Inoffiziellen Mitarbeiters (IM) anzuordnen und zu kontrollieren sind, nämlich: „diskriminieren, isolieren, liquidieren".

Dazu gehören Mittel wie die Kombination von wahren, halbwahren oder erfundenen Behauptungen zur Herabwürdigung der „Zielperson". Des Weiteren werden angewandt: „Desinformationen". Sie müssen so lange wirken und den Überprüfungen Stand halten, wie es für die konkret zu lösende Aufgabe erforderlich ist. Deshalb hat sich der Informationsgehalt von Desinformationen „scheinbar logisch aus objektiven Bedingungen bzw. Tatsachen zu ergeben".[28]

Unter dem Stichwort „Methode" findet man unter „operative Methoden" „... beispielsweise das Herausbrechen von Personen aus feindlichen Gruppen".[29]

Unter dem Begriff „Manipulierung, feindliche" lautet die Anweisung wie folgt:

„Die Methode der Manipulation baut auf einem bestimmten Grundmuster aus bereits veröffentlichten bürgerlichen Leitbildern, Moralnormen, Denkschemen und Gewohnheiten der bürgerlichen Lebensweise auf. Sie missbraucht bestimmte Gesetz-

---

27 Der Bundesbeauftragte für die Unterlagen des Staatssicherheitsdienstes ..., Reihe A, Nr. 1/39, Dokumente – Das Wörterbuch der Staatssicherheit, Definitionen des MfS zur politisch-operativen Arbeit, Abt. Bildung und Forschung, Berlin 1993, S. 464
28 Ebenda, S. 71
29 Ebenda, S. 254

mäßigkeiten des menschlichen Erkenntnisprozesses und andere wissenschaftliche Ergebnisse der soziologischen, psychologischen und psychiatrischen Forschung. Die Manipulation bevorzugt insbesondere die Einflussnahme über den emotionalen Bereich bzw. das Unterbewusste und erfolgt in der Regel so, dass ein ihr entspringender Handlungsfall als die „frei" gewählte Entscheidung des Betroffenen erscheint. Ihre Hauptmethode liegt im Operieren mit Halbwahrheiten, im Anknüpfen an unwesentliche, nebensächliche Erscheinungen durch ständig stereotype Wiederholungen von unbewiesenen Behauptungen, Lügen und Verleumdungen."

Die folgenden Sätze dieses Abschnittes lauten:

„Spezifische Art und Weise der ideologischen Bestimmung der Volksgenossen, die durch geistige Zersetzung, Desinformation und Uniformierung des Denkens deren Aktivbahnen lenken soll."

Der Text lässt offen, ob damit nur eine Kritik der Methode des „Klassenfeindes" gemeint ist, oder ob damit auch die eigene Manipulation des Klassenfeindes erklärt wird. Es gilt, wenn man den gesamten Zusammenhang betrachtet, beides. Man behauptet dies vom Gegner, um sich der gleichen Waffe bedienen zu können.[30]

Es liegt nahe, den Ablauf der politischen Verfolgung von Jürgen Möllemann aus dieser Sicht zu sehen. Auch hier deuten sich die drei Phasen der Diskriminierung, Isolierung und Liquidierung an. Gestern war die „Zielperson" Jürgen Möllemann, heute ist sie Martin Hohmann MdB. Ob dieser Methodik noch andere Personen zum „Opfer" fallen, bleibt abzuwarten.

Bei der Ansprache von Martin Hohmann MdB vom 03.10.2003 waren keine antisemitischen Äußerungen festzustellen. Diese Tatsache könnte wohl den Journalisten Werner Sonne, ARD, in der Phase „Diskriminierung" der „Zielperson" Martin Hohmann bewogen haben, das abschließende Urteil „Daher sind weder ‚die Deutschen', noch ‚die Juden' ein Tätervolk" in die gegenteilige Äußerung zu verfälschen, nämlich jene, „CDU-Abgeordneter nennt Juden ‚Tätervolk'" (Anlage 1). Mit diesem genauen Gegenteil der Aussage von Martin Hohmann MdB wurde dann die Phase der „Diskriminierung" in Form einer überwältigen-

---

30 Ebenda, S. 245

den Rufmordkampagne praktisch aller deutschen Medien gegen Martin Hohmann MdB eingeleitet und durchgeführt.

Die Phase der „Isolierung" oblag der Parteivorsitzenden Angela Merkel, indem sie Martin Hohmann MdB aus der Fraktion der CDU ausschloss und auf einem Einzelsitz neben dem Plenum des Bundestages als Antisemiten anprangerte.

Die Phase des „Liquidierens" von Martin Hohmann MdB wurde mit seinem „Rausschmiss" aus der CDU als Partei eingeleitet und weitgehend durchgeführt. Martin Hohmann MdB ist bereits als Parteimitglied „liquidiert". Das geht auch daraus hervor, dass es ihm verboten wurde, am Parteitag der CDU vom 01.12.2003 teilzunehmen.

Kurzum: Die politische Verfolgung von Martin Hohmann MdB weist eine deutliche Ähnlichkeit mit der Dienstanweisung des MfS zur politisch-operativen Arbeit, nämlich der Methode der „Zersetzung" (diskriminieren, isolieren, liquidieren), auf.

Das alles geschah im Übrigen aus rechtlicher Sicht bei einer „Zielperson", die sich gar nicht antisemitisch geäußert hatte, und bei der keine Verurteilung wegen Antisemitismus vorlag. Daher wurde geltendes Recht, das Recht auf die Unschuldsvermutung des Martin Hohmann MdB, verletzt.

5. Besondere Zusammenhänge bei Bundestagsbeschlüssen gegen den Volkswillen

In der Vergangenheit hat es verschiedene Bundestagsbeschlüsse gegeben, die sich gegen den Volkswillen richteten. Die Bundestagsbeschlüsse gegen Martin Hohmann stellten letzten Endes auf dessen Diskriminierung, Isolierung und politische Vernichtung ab. Wie beispielsweise die Wähler im Wahlkreis von Martin Hohmann über diese Beschlüsse denken, ergab sich aus einer Umfrage der Fuldaer Zeitung. Nach dieser Umfrage waren gemäß Anlage 4 88 % der Zuschriften gegen die Behandlung Hohmanns durch den Bundestag und die Parteiführung der CDU.

Ein zweiter Fall war die Meldung von Spiegel-Online vom 12.10.2003, 16.43 Uhr, die in Anlage 2 in den wesentlichen Auszügen wiedergegeben wird. Danach haben die Deutschen Israel drei U-Boote der „Delphin"-Klasse geschenkt. Die US-Zeitung „Los Angeles Times" berichtet, dass die Militärs in Israel die amerikanischen „Harpoon"-Raketen der Tauchbote mit atomaren Sprengköpfen bestückt hätten. Die israelische Marine hat die rund 130 km weit reichenden Anti-Schiffs-Flugkörper zum Einsatz gegen Landziele umgerüstet. Gleichzeitig lässt die Regierung Sharon, wie die Überschrift in Anlage 2 ausweist, Pläne für einen Angriff auf iranische Atomanlagen ausarbeiten.

Man stelle sich einmal eine Volksabstimmung in Deutschland über die Frage vor, unentgeltlich drei U-Boote an Israel zu liefern, damit diese dort mit amerikanischen Harpoon-Raketen bestückt, zu Atomwaffen umgerüstet und für einen Angriffskrieg zur Bekämpfung von Landzielen im Iran umgebaut werden. Es wären wohl über 90 % der deutschen Bevölkerung dagegen gewesen, zumal ein solcher Beschluss oder ein Beschluss in Kenntnis der Verwendung der U-Boote gegen das deutsche Grundgesetz verstößt. Wie konnte es zu einer so unglaublichen Unterstützung des Bundestags für einen Angriffskrieg von Israel aus kommen?

Ein dritter Fall ist die Behandlung des Begriffes „Tätervolk" durch den Bundestag. Der Bundestag tut so, als habe Martin Hohmann die Juden ein „Tätervolk" genannt, obwohl er das nicht tat, sondern genau das Gegenteil äußerte. Dagegen hat Paul Spiegel die Deutschen unwidersprochen als „das Volk der Täter" bezeichnet.

In diesem Zusammenhang ist es hilfreich, dieser These auf den Grund zu gehen. Hierfür werden die Opfer von jüngeren Revolutionen in Mio. Toten im folgenden aufgelistet:

Land	Tote in Mio.
China	65,0[31]
Sowjetunion	20,0[32]
Kambodscha	2,0[33]
Nordkorea	2,0[34]
Afghanistan	1,5[35]
Deutschland	0,3[36]

Opfer politischer Verfolgung bei jüngeren Revolutionen in Mio. Toten

Die Gesamtzahl der deutschen Opfer nichtjüdischer Herkunft oder nicht mosaischer Religion aus politischer Verfolgung in den Jahren 1933 bis 1945 wurde von der zeitgeschichtlichen Forschung in Deutschland nicht erfasst. Nach den vorliegenden Unterlagen dürften die insgesamt im Zusammenhang mit politischer Verfolgung ermordeten Deutschen auf 300.000 Tote zu schätzen sein. Hiervon waren minimal 134.500 und maximal 141.500 ermordete Deutsche jüdischer Herkunft.[37]

Hierzu ein Vergleich: Schon bei einem einzigen großen Luftangriff auf Dresden am 13. und 14.02.1945 kamen etwa 250.000 bis 270.000 Deutsche ums Leben.[38] Den Amerikanern und Engländern war damals ebenso wie den Russen bekannt, dass sich in Dresden etwa 650.000 Einwohner und etwa 500.000 Flüchtlinge befanden. Die Ernährung der Bevölkerung wurde damals mittels Lebensmittelkarten je Person gesichert; damit war die Gesamtzahl der Bevölkerung eines Gebietes jeweils amtlich bekannt. Ziel dieses

---

31 Courtois, S.: Das Schwarzbuch des Kommunismus, Piper, München 1998, S. 16
32 ebenda
33 ebenda
34 ebenda
35 ebenda
36 Czesany, M.: Europa im Bombenkrieg 1939-1945, Leopold Stocker Verlag, Graz-Stuttgart 1998, S. 698
37 Enzyklopädie des Holocaust, Band IV, Hrsg. Israel Gutmann, der deutschen Ausgabe Jaeckl, S., Longerich, P. und Schoeps, J., Piper, München-Zürich 1998, S. 1737
38 Radio Voice of Russia, Moskau, „Briefkasten"-Sendung vom 30.03.2000, 18.00 bis 19.00 Uhr

Luftangriffes waren also 1.150.000 Menschen auf einer vergleichsweise kleinen Fläche. Dass diesem Massenmord (1.150.000 – 250.000 =) 900.000 Menschen entgangen sind, kommt einem Wunder gleich.

Insgesamt ist gemäß der obigen Tabelle festzustellen, dass die Opfer politischer Verfolgung bei jüngeren Revolutionen in Deutschland gegenüber den Opfern in anderen Ländern vergleichsweise gering waren.

6. Hans Christian Andersens Märchen „Des Kaisers neue Kleider"

Die bei Martin Hohmann MdB angewandte Methode, einer Persönlichkeit des öffentlichen Lebens etwas Falsches nachzusagen, ist so typisch, dass sie bereits von Hans-Christian Andersen in seinem Märchen „Des Kaisers neue Kleider" dargestellt wurde.[39]

Einer Persönlichkeit werden Gegenstände oder Eigenschaften mit Hilfe einer Beeinflussung der öffentlichen Meinung angedichtet, die sie gar nicht besitzt. Im Fall von Andersens Märchen waren das neue Kleider, die in Wirklichkeit gar nicht existierten. Die Erzeuger der öffentlichen Meinung nutzten den Wunsch der Menschen aus, nicht hinter anderen Menschen zurückzustehen oder sich gar vor ihnen durch Unwissen zu blamieren. Alle Leute auf der Straße und in den Fenstern riefen: „O Himmel, wie unvergleichlich sind doch des Kaisers neue Kleider! Welch herrliche Schleppe trägt er am Rock! Wie vortrefflich sitzt alles!" Niemand wollte sich anmerken lassen, dass er nichts sehe. Keines der Kleider des Kaisers hatte bisher solchen Erfolg gehabt. „Aber er hat ja gar nichts an!" rief plötzlich ein kleines Kind.

Das Märchen endet dann so:
„Er hat ja gar nichts an!" rief endlich das ganze Volk. Das wurmte den Kaiser, denn es schien ihm selbst, als ob das Volk recht hätte, aber er dachte: ‚Jetzt hilft nichts, als standhaft auszu-

---

39 Andersen, Hans-Christian: Märchen, Goldmann Verlag, München, 1995, S. 163-168

halten!' Er nahm eine noch stolzere Haltung an, und die Kammerherren gingen und trugen die Schleppe, die gar nicht da war.[40]

Mit dieser Methode wurde Martin Hohmann MdB angedichtet, er habe die Juden ein „Tätervolk" genannt und sei deshalb Antisemit. Dass diese Verdächtigung unbegründet war, ergibt sich aus dem Text der Ansprache in Anlage 3.

7. „Fuldamentalismus"

Das Eintreten der Bevölkerung Fuldas für ihren Bundestagsabgeordneten Martin Hohmann und die dabei auftretende Ähnlichkeit der Denkweise wird verschiedentlich als „Fuldamentalismus" bezeichnet. Worin besteht diese Denkweise?

Die Denkweise der Bevölkerung Fuldas unterscheidet sich nicht wesentlich von der Einstellung anderer Einwohner Deutschlands: Die weit überwiegende Mehrzahl der Deutschen wünscht sich ein friedliches Zusammenleben und Gerechtigkeit. Das klingt einfach, ist es aber nicht. Nicht zufällig sind das Ziel des Friedens und ein Handeln nach dem Prinzip der Gerechtigkeit, durch die erst dieser Frieden erreicht wird, zentrale Prinzipien des christlichen Glaubens. Im Bereich der Gerechtigkeit wird dabei das Prinzip der Vergeltung durch die christliche Pflicht zur Vergebung bzw. zur Versöhnung ersetzt. Das ist der Denkansatz, der hinter dem „Fuldamentalismus" steht. Er sei an dem Beispiel erklärt, das Problem des Antisemitismus in Deutschland zu lösen.

An diesem Problem sind augenscheinlich zwei Bevölkerungsgruppen in Deutschland beteiligt, die Deutschen nichtjüdischer Herkunft und die Deutschen jüdischer Herkunft. Da das Ziel beider Gruppen als Deutsche der Frieden ist, wäre das Trennende der beiden Gruppen zu überwinden und das Verbindende zu stärken. Beides müsste nach dem Prinzip der sozialen Gerechtigkeit erfolgen.

Das Trennende ist insbesondere die Vergangenheit, der Holocaust. Nach Auffassung mancher Mitbürger jüdischer Herkunft sind die Deutschen ein „Tätervolk". Um das

---

40 Ebenda, S. 167 f.

Trennende zu überwinden, wäre darauf hinzuwirken, diesen Vorwurf zu entkräften. Das hat im übrigen Martin Hohmann MdB in seiner angeblich antisemitischen Rede versucht. Um das Trennende zu überwinden, ist allerdings auch eine Bereitschaft zur Versöhnung von Seiten der jüdischen Mitbürger Voraussetzung.

Das Verbindende zwischen den beiden Bevölkerungsgruppen ist die deutsche Staatsangehörigkeit, wegen der sie Deutsche sind. Dieses Verbindende sollte durch jedwede Förderung der Integration gestärkt werden.

Nach Überwindung des Trennenden ist das Verbindende auszubauen und zu stärken. Beide Bevölkerungsteile müssten nunmehr die Vergangenheit hinter sich lassen und ihre Zukunft gemeinsam bewältigen. Dann wird sich zeigen: Einigkeit macht stark.

D. Wesentlicher Sachverhalt und Schlussfolgerungen

Bei dem wesentlichen Sachverhalt handelt es sich zum einen um die festzustellenden Formen des Unrechts, die Martin Hohmann MdB im Zusammenhang mit seiner politischen Verfolgung angetan wurden. Zum anderen geht es bei dem wesentlichen Sachverhalt um den eigentlichen Tatbestand.

1. Martin Hohmann MdB zugefügtes Unrecht

Das Martin Hohmann zugefügte Unrecht war so unverhältnismäßig groß, dass es gestattet sei, es nur einfach aufzulisten. Folgende Tatbestände stehen im Raum:

1. Politische Lüge, Martin Hohmann habe in seiner Rede vom 03.10.2003 die Juden ein „Tätervolk" genannt. Deshalb sei er ein Antisemit. Hierfür gibt es keinen Nachweis und kein Urteil.
2. Konzertierter Psychoterror der deutschen Medien mittels Rufmord.
3. Seitens der CDU/CSU-Parteiführung wird der Versuch unternommen, Martin Hohmann durch Diskriminierung, Isolierung und Liquidierung in Form der Ausschlüsse aus der CDU/CSU-Fraktion und der Partei politisch zu vernichten.
4. Der Deutsche Bundestag prangert Martin Hohmann MdB nach dem Ausschluss aus der CDU-Fraktion durch Versetzung auf einen isoliert stehenden Stuhl in der Öffentlichkeit als angeblichen Antisemiten ohne gerichtliche Feststellung an. Diese Form der „modernen Steinigung" verletzt sein Grundrecht auf Schutz der Menschenwürde.
5. Verweigerung von Grund- und Menschenrechten der Meinungsfreiheit von Martin Hohmann und der Informationsfreiheit der Zuhörer seiner Rede am 03.10.2003 (Art. 5 und Art. 38 Grundgesetz).
6. Vortäuschen einer Straftat nach § 145 d StGB.
7. Falsche Verdächtigung nach § 164 StGB.
8. Üble Nachrede und Verleumdung gegen eine Person des politischen Lebens gemäß § 187 a StPO.
9. Behinderung von Martin Hohmann in seinen Rechten und seiner Arbeit als Verfassungsorgan für seinen Wahlkreis

durch Ausschluss aus der Fraktion und Versetzen auf einen Arbeitsplatz mit eingeschränkten Arbeitsbedingungen.
10. Politische Vernichtung eines Bundestagsabgeordneten wegen angeblichem, nicht in einem rechtsstaatlichen Verfahren festgestellten „Antisemitismus" verstößt gegen geltendes Recht.
11. Die Parteiführung der CDU/CSU stellt sich als moralische Instanz über Martin Hohmann und die Zuhörer seiner Rede vom 03.10.2003, obwohl sie selbst gegen geltendes Recht, elementare Prinzipien der christlichen Ethik und des redlichen Anstandes verstößt. Dabei wurde das eigentliche Fundament des Christentums verletzt, die Prinzipien der Gerechtigkeit, der Vergebung statt Vergeltung und des Friedens. Im Rechtsbereich wurde elementar das Prinzip der Gerechtigkeit verletzt.

2. Wesentlicher Sachverhalt

Die Siegermächte des Zweiten Weltkrieges hatten in jahrzehntelanger flächendeckender Umerziehung („re-education") und unaufhörlicher Medien-Fleißarbeit einen Zeitgeist geschaffen, der heißt: Die Deutschen sind ein Tätervolk! Die Bevölkerung des Raumes Fulda war nicht bereit, sich vor diesem Zeitgeist niederzuwerfen und ihn anzubeten. Sie ist überwiegend katholisch und überlässt den Götzendienst anderen. Der Bundestagsabgeordnete dieses Wahlkreises ist Martin Hohmann.

Die Absicht hinter dem Vorwurf, die Deutschen seien ein „Tätervolk", liegt auf der Hand: Die Deutschen sollen diskriminiert und stigmatisiert werden. Ihnen soll das nationale Selbstbewusstsein, ihre Identität, genommen und das gute Verhältnis mit ihrer Umwelt zerstört werden. Die Bevölkerung in Fulda hält eine solche Behandlung der Deutschen für ungerecht. Die Ansprache ihres Bundestagsabgeordneten Martin Hohmann am 03. Oktober 2003 brachte diese Meinung zum Ausdruck.

Der Vorsitzende des Zentralrats der Juden in Deutschland, Paul Spiegel, hatte in seinem Buch „Was ist koscher? Jüdischer Glaube - Jüdisches Leben" die Deutschen, wie verschiedene andere Autoren jüdischer Herkunft vor ihm, ebenfalls als „das Volk der Täter" bezeichnet. Er warf Martin Hohmann Antisemitismus vor. Die deutschen Medien stellten sich geschlossen auf seine Seite, die Parteileitung der CDU/CSU und eine Mehrheit der deutschen Bundestagsabgeordneten taten das Gleiche.

Die Presse bediente sich nach Ansicht des Autors hierbei der Methoden, wie sie vom Ministerium für Staatssicherheit der ehemaligen DDR (MfS) bekannt sind, nämlich der „Zersetzung" (diskriminieren, isolieren, liquidieren) und der Manipulation. Im Rahmen der „Manipulation", der Kombination von wahren, halbwahren und erfundenen Behauptungen zur Herabwürdigung der „Zielperson", behaupteten sie, Hohmann habe gesagt, die „Juden" seien ein „Tätervolk". Hohmann hatte dagegen das genaue Gegenteil gesagt. Durch stereotype Wiederholungen dieser unwahren Behauptung und der Verdächtigungen als Antisemit erreichten sie eine Desinformation und Uniformierung des Denkprozesses in der Bevölkerung Deutschlands. Martin Hohmann wurde zur Unperson.

Am 4. Februar 2004 lehnte es die Staatsanwaltschaft bei dem Landgericht Fulda nach § 152 Abs. 2 StPO ab, ein Ermittlungsverfahren gegen Martin Hohmann MdB einzuleiten. Nach sorgfältiger Prüfung hatte sie festgestellt, dass in seiner Rede kein Straftatbestand verwirklicht war. Die erhobenen Verdächtigungen erwiesen sich als unwahr. Einige wenige Medien meldeten dies kurz und schwiegen dann wieder.

Am 10. März 2004 fasste das Oberlandesgericht Frankfurt am Main folgenden Beschluss:

„Auf die sofortige Beschwerde des Antragstellers wird der Beschluss der 2. Zivilkammer des Landgerichtes Fulda vom 22. Januar 2004 abgeändert. Der Antragsgegnerin wird aufgegeben, es bei Meidung eines vom Gericht für jeden Fall der Zuwiderhandlung festzusetzenden Ordnungsgeldes bis zu 250.000,00 Euro, ersatzweise Ordnungshaft oder Ordnungshaft bis zu 6 Monaten, zu vollstrecken am Vorsitzenden des Vorstandes es zu unterlassen, wörtlich oder sinngemäß die Behauptung aufzustellen, der Antragsteller habe in seiner Rede vom 3. Oktober 2003 ‚die Juden als Tätervolk' bezeichnet."

Die Verantwortlichen des Versuches, Martin Hohmann MdB politisch und moralisch zu vernichten, haben wohl die Reaktion der in Deutschland lebenden Menschen falsch eingeschätzt. Nicht nur Bevölkerungskreise Fuldas, sondern auch tausende andere Deutsche organisierten den politischen Widerstand. Ein Buch von Fritz Schenk ist bereits erschienen unter dem Titel „Der Fall Hohmann"[41]. Fritz Schenk hatte die Initiative „Kritische Solidarität mit Martin Hohmann MdB" ins Leben gerufen, die von etwa 6000 Menschen im In- und Ausland schriftlich unter Angabe von Namen und Adresse unterstützt wurde. Das zweite Buch unter dem Titel „Die Hinrichtung Hohmanns" soll noch im Frühjahr in München an den Buchhandel ausgeliefert werden. Das vorliegende Buch wurde im April fertiggestellt. Damit werden schon vier Monate nach dem Ausschluss von Martin Hohmann MdB aus der Bundestagsfraktion der CDU/CSU drei Bücher veröffentlicht, die sich, sorgfältig recherchiert, gegen die ungerechtfertigte politische Verfolgung dieses Bundestagsabgeordneten zur Wehr setzen. Jetzt kann die politische Auseinandersetzung in breiter Öffentlichkeit beginnen.

Nun sei noch der wissenschaftliche Sachverhalt der Begriffsbestimmung „Tätervolk" erklärt. Hierzu ein Beispiel:

Zwei nachdenkliche Wanderer beobachten eine Herde von 1000 Schafen, von denen drei schwarz, die anderen dagegen weiß sind. Der eine erklärt dem anderen aus der Philosophie eine Grundregel des Induktionsschlusses für den Fall der *Verallgemeinerung*: Wenn ein Merkmal auf zahlreiche Arten oder Individuen einer Gattung passt, so kommt es wahrscheinlich der ganzen Gattung zu. Ob und inwieweit ein solcher Schluss wahrscheinlich ist, hängt anscheinend davon ab, wie groß die Zahl der Arten oder Individuen, die man kennt, im Verhältnis zu ihrer Gesamtheit ist. Der Gewissheitsgrad, die Wahrscheinlichkeit des Induktionsschlusses hängt also davon ab, wie groß die Zahl der Arten oder Individuen, die man kennt, im Verhältnis zu ihrer Gesamtzahl ist.

Das sei am Beispiel der beschriebenen Schafherde erklärt. Würden die zwei Beobachter nur die drei schwarzen Schafe sehen und wissen, dass sie zu einer Herde von 1000 Tieren gehören, dann würden sie vermuten, alle 1000 Schafe wären schwarz. Je mehr weiße Schafe sie dann sähen, desto weniger schwarze Schafe würden sie als Teil der Herde für wahrscheinlich halten. Nach Durchzählen der

---

41 Schenk, Fritz: Der Fall Hohmann, Universitas Verlag, München 2004

ganzen Herde würden sie erwarten, künftig bei einer anderen Schafherde einen Anteil von 3 Promille schwarzen Schafen festzustellen. Völlig unwahrscheinlich wäre demgegenüber der Schluss, bei Schafherden künftig nur schwarze Schafe erwarten zu können.

Ähnlich liegen die Dinge bei der Behauptung, die Deutschen zur Zeit des NS-Regimes wären im Zusammenhang mit dem Holocaust ein „Tätervolk" gewesen. Wollte man aus der im Verhältnis zur Gesamtzahl der Bevölkerung des Deutschen Reiches kleinen Zahl der entsprechenden Straftäter schließen, dass die Deutschen mehrheitlich Straftäter, also ein „Tätervolk" wären, wäre diese Behauptung augenscheinlich falsch. Noch unzulässiger wäre der Vorwurf, die heutige Bevölkerung Deutschlands, die über 50 Jahre nach Ende des Deutschen Reiches und des Zweiten Weltkrieges in der Bundesrepublik Deutschland lebt, sei ein „Tätervolk".

Der Vollständigkeit halber sei noch die Grundregel des Induktionsschlusses für den Fall der *Ergänzung* erwähnt: Wenn auf einen Gegenstand oder ein Individuum viele Merkmale eines Begriffes zutreffen, so trifft wahrscheinlich der ganze Inhalt des Begriffes auf ihn zu. Würde beispielsweise ein Mensch auf Grund verschiedener Merkmale als „Deutscher" identifiziert, dann würde von jenen, die die Deutschen als „Tätervolk" und mehrheitlich als Straftäter betrachten, für diesen Menschen das Merkmal „Straftäter" ergänzt. In diesem Fall hängt die Höhe der Wahrscheinlichkeit des Schlusses (der Schlussfolgerung) davon ab, wie groß die Zahl der Merkmale ist, die man zutreffend gefunden hat. Zum Beispiel: Bei einer aufgetretenen Virusgrippe kann die Diagnose mit Erkennen weiterer Merkmale (Symptome) vergleichsweise sicher zu einem zuverlässigem Ergebnis, nämlich der Feststellung „grippekrank", führen. Je mehr Merkmale zutreffen, desto größer ist die Wahrscheinlichkeit, dass die Schlussfolgerung hieraus richtig ist. Das bedeutet jedoch nicht, dass auch bei mehreren zutreffenden Merkmalen und damit hoher Wahrscheinlichkeit die Schlussfolgerung richtig sein muss. Die Bezeichnung eines Deutschen als „Mörder von Geburt an", nur weil er das alleinige Merkmal „Deutscher" trägt, verbietet sich unter diesen Umständen von selbst.

Wenige Ereignisse der Nachkriegszeit haben die deutsche Öffentlichkeit so stark beschäftigt wie der „Fall Hohmann". Bei der allgemeinen Entrüstung ging es insbesondere darum, dass die politische Verfolgung des Bundestagsabgeordneten Martin Hohmann auf der politischen Lüge aufbaute, er habe die Juden ein „Tätervolk" genannt. Genau das Gegenteil war der Fall gewesen. Das konnte überdies Jedermann ohne juristische Anleitung sofort selbst feststellen. Inzwischen liegt der oben zitierte Beschluss des Oberlandesgerichts Frankfurt am Main vom 10.03.2004 vor, der dem Magazin „Stern" aufgibt, es zu unterlassen, wörtlich oder sinngemäß die Behauptung aufzustellen, Martin Hohmann MdB habe in seiner Rede vom 3. Oktober 2003 „die Juden als Tätervolk" bezeichnet. Gleichwohl setzte eine konzertierte politische Verfolgung ein, die klar auf die politische und moralische Vernichtung von Martin Hohmann MdB ausgerichtet war.

Diese Form der Vergeltung für ein Vergehen, das in Wirklichkeit gar nicht stattgefunden hatte, wurde von einem großen Teil der Bevölkerung Deutschlands als Zivilisationsbruch wahrgenommen. Das Vergeltungsdenken, das selbst bei kleinen Anlässen auf die Vernichtung des Gegners ausgerichtet ist, wurde von Jesus Christus überwunden. Die christlichen Maßstäbe der Gerechtigkeit haben Eingang in das deutsche Grundgesetz gefunden. Welches Unglück und welcher Unfrieden aus der Anwendung des Vergeltungsprinzips mit der sofortigen Absicht, den Gegner zu vernichten, folgt, kann die Bevölkerung Deutschlands tagtäglich im Nahen Osten beobachten. Die weit überwiegende Mehrheit der deutschen Bevölkerung wünscht sich keine solchen Zustände, wie sie zur Zeit in Palästina bestehen.

Spontan bildete sich in Deutschland eine Initiative „Kritische Solidarität mit Martin Hohmann", in der sich über 6000 Unterstützer mit Adresse und Unterschrift zusammenfanden. In Fulda ergab eine Umfrage der Fuldaer Zeitung gemäß Anlage 4, dass 88 % der Teilnehmer für Hohmann eintraten. Martin Hohmann MdB wird also in Fulda nicht nur von Mitgliedern und anderen Wählern der CDU, sondern auch überparteilich mit überwältigender Mehrheit unterstützt. Eine ähnliche Umfrage des Fernsehsenders n-tv gemäß Anlage 5 ergab sogar, dass 91 % der Teilnehmer es als Unrecht betrachteten, Martin Hohmann MdB aus der Bundestagsfraktion der CDU/CSU auszuschließen.

Der Präsident des Zentralrats der Juden in Deutschland, Paul Spiegel, vertritt nur eine sehr kleine Minderheit in Deutschland. Nach dem letzten Statistischen Jahrbuch 2003 für die Bundesrepublik Deutschland hatte deren Bevölkerung im Jahre 2002 einen Umfang von 82,3 Mio. Personen.[42] Die jüdische Gemeinde zählte im Jahr 2002 98.335 Mitglieder.[43] Der prozentuale Anteil der Deutschen mit jüdischer Religion betrug somit ca. 0,1 % der Gesamtbevölkerung Deutschlands. Bei der Suche nach den Ursachen der politischen Verfolgung Martin Hohmanns MdB fällt der Blick auf die Erklärungen von Paul Spiegel vom 30.10.2003 gemäß Anlage 1:

„Der Vorsitzende des Zentralrats der Juden in Deutschland, Paul Spiegel, zeigte sich in der ARD entsetzt. ‚Die Äußerungen von Herrn Hohmann sind ein Griff in die unterste Schublade des widerlichen Antisemitismus.' Der Abgeordnete habe ‚die zarten Pflanzen der Aussöhnung zwischen Juden und Nichtjuden brutal zertreten'. Er habe mit der CDU-Vorsitzenden Angela Merkel bereits in der Angelegenheit gesprochen und die Frage gestellt, wie die CDU und der Bundestag mit solchen Äußerungen umgehe."

Nach dem vorliegenden Text ist es nicht auszuschließen, dass die Initiative für den Ausschluss von Martin Hohmann MdB aus der Bundestagsfraktion der CDU/CSU und dessen ungerechtfertigte politische Verfolgung von Paul Spiegel ausgegangen ist. Die eigentliche Verantwortung für sie trägt jedoch die CDU-Führung.

---

42 Statistisches Bundesamt: Statistisches Jahrbuch 2003, Wiesbaden 2003, S. 45
43 Ebenda, S. 99

3. Schlussfolgerungen

Die weit überwiegende Mehrheit der Weltbevölkerung hat ein zentrales Ziel: den Frieden. Wer dieses Ziel erreichen will, der muss nach dem Prinzip der Gerechtigkeit handeln. Die Begriffe „Frieden" und „Gerechtigkeit" wurden oben ausführlich erklärt. Jedermann kann sich also davon überzeugen, welche Prinzipien des Handelns aus der Sicht der vorliegenden Stellungnahme empfehlenswert erscheinen.

Das Verhalten der CDU-Führung, der Bundestagsfraktion der CDU/CSU, des Zentralrats der Juden in Deutschland und der deutschen Medien entsprach nach Ansicht des Autors nicht diesen Prinzipien, die uralter Lebenserfahrung entspringen und dem geltenden Recht in der Bundesrepublik Deutschland entsprechen. Tausende von Mitgliedern der CDU waren nicht mehr mit der Politik ihrer CDU einverstanden und sind inzwischen aus der Partei ausgetreten. Ein großer Teil der restlichen in der CDU verbliebenen Mitglieder dürfte hoffen, dass die CDU zur Anwendung christlicher und demokratischer Prinzipien zurückkehrt, den Bundestagsabgeordneten Martin Hohmann rehabilitiert, Wiedergutmachung leistet und unter anderem nach den Entscheidungen der Staatsanwaltschaft beim Landgericht Fulda und dem eindeutigen Beschluss des Oberlandesgerichts Frankfurt am Main vom 10.03.2004 ihren altbewährten Mitstreiter wieder in die Fraktion eingliedert.

Geschieht dies nicht, dann werden sich diese Mitglieder fragen, ob die CDU nicht mehr ihren Vorstellungen von Rechtsstaatlichkeit, Gerechtigkeit und Frieden entspricht. Sie werden dann überlegen, ob sie ihre Partei, die bisher ihr Vertrauen genossen hat, aus wichtigem Grunde verlassen müssen.

E. Solidarität mit Martin Hohmann MdB

In einem gesunden Staatswesen muss jeder Staatsbürger daran mitwirken, das Recht zu sichern und zu gewährleisten. Wenn großes Unrecht geschieht wie im „Fall Hohmann", dann dürfen die Menschen in Deutschland nicht einfach wegschauen und die moralische und politische Vernichtung eines Menschen und Mitbürgers zulassen, der sich um seinen Wahlkreis, seine Partei und auch um die Bundesrepublik Deutschland verdient gemacht hat. Nach den Erfahrungen der deutschen Vergangenheit muss jeder Staatsbürger für Rechtsstaatlichkeit und Gerechtigkeit eintreten. Das gilt nicht nur für alle Parteien und Beteiligten im Falle Martin Hohmanns, das gilt für jeden Bürger Deutschlands.

Überträgt man das Grundmuster von Andersens Märchen „Des Kaisers neue Kleider" auf die hier behandelten Ereignisse, dann war Martin Hohmann MdB das Kind, das da rief: „Er hat ja gar nichts an!" Martin Hohmann MdB war wohl der Erste, der in der Öffentlichkeit ausdrücklich zu sagen wagte: „Die Deutschen sind *kein* ‚Tätervolk'."

Die Folgen dürften im übertragenen Sinne ähnlich sein wie in Andersens Märchen: Die Bevölkerung der Bundesrepublik Deutschland wird ebenfalls feststellen, dass sie <u>kein</u> „Tätervolk" ist. Sie wird sich gegen diese Diffamierung und Stigmatisierung wehren, mit denen ihr nationales Selbstwertgefühl beschädigt und das gute Verhältnis zu ihrer Umwelt zerstört werden sollen.

Dafür gebührt Martin Hohmann MdB die volle Solidarität aller in Deutschland lebenden Menschen.

Anlage 1

Werner Sonne, ARD: CDU-Abgeordneter nennt Juden „Tätervolk". Internetauszug vom 30.10.2003

tagesthemen, 22:30 Uhr, 30.10.03, video
http://tagesschau.de/video/0,1315,
OID2535662_RES,00.html
[Werner Sonne, ARD]

Der CDU-Bundestagsabgeordnete Martin Hohmann hat in einer Rede zum Tag der deutschen Einheit Verbrechen während der russischen Revolution mit dem Holocaust verglichen. Im Zuge dessen nannte er die Juden ein „Tätervolk". Die Rede war bis zum Donnerstagabend auf der Internetseite der CDU-Neuhof abrufbar, wurde dann aber ersatzlos gelöscht. [...]

„Griff in die unterste Schublade des Antisemitismus"
Der Vorsitzende des Zentralrats der Juden in Deutschland, Paul Spiegel, zeigte sich in der ARD entsetzt. „Die Äußerungen von Herrn Hohmann sind ein Griff in die unterste Schublade des widerlichen Antisemitismus." Der Abgeordnete habe „die zarten Pflanzen der Aussöhnung zwischen Juden und Nichtjuden brutal zertreten". Er habe mit der CDU-Vorsitzenden Angela Merkel bereits in der Angelegenheit gesprochen und die Frage gestellt, wie die CDU und der Bundestag mit solchen Äußerungen umgehe, so Spiegel weiter.

Meyer rät Hohmann zur Entschuldigung
CDU-Generalsekretär Laurenz Meyer distanzierte sich von Hohmanns Aussagen: „Die CDU-Parteiführung hält das für unerträglich, was Herr Hohmann hier gesagt hat." Er könne Hohmann „nur den guten Rat geben, sich dafür zu entschuldigen", sagte Meyer in der ARD.
Der innenpolitische Sprecher der SPD-Bundestagsfraktion, Dieter Wiefelspütz, forderte dagegen den Rücktritt Hohmanns: „Ich denke, dass im Deutschen Bundestag kein Platz ist für Antisemiten." Die Rede sei eine unglaubliche Grenzüberschreitung.

Hohmann fragt nach Täterschaft der Juden
Hohmann stellte in seiner Rede fest, dass die Juden „die revolutionäre Bewegung in Rußland und mitteleuropäischen Staaten geprägt" hätten. Der Bundestagsabgeordnete, der die Rede in seinem Heimatort Neuhof am 3. Oktober 2003 gehalten hatte, schlussfolgerte, dass man „mit einer gewissen Berechtigung im Hinblick auf die Millionen Toten dieser ersten Revolutionsphase nach der Täterschaft der Juden fragen könnte". Weiter hieß es auf der Internetseite der CDU-Neuhaus: „Juden waren in großer Anzahl sowohl in der Führungsebene als auch

bei den Tscheka-Erschießungskommandos aktiv. Daher könnte man Juden mit einiger Berechtigung als Tätervolk bezeichnen. Das mag erschreckend klingen. Es würde aber der gleichen Logik folgen, mit der man Deutsche als Tätervolk bezeichnet."

Hohmann fordert Gerechtigkeit für Deutschland
Zum Schluss seiner Rede erklärte Hohmann, die jüdisch-stämmigen Bolschewisten hätten ihre „religiösen Bindungen" zuvor gekappt. „Ähnliches galt für die Nationalsozialisten" behauptete Hohmann weiter. Vom Elternhaus her christliche Nationalsozialisten und jüdisch-stämmige Bolschewisten hätten „ihre Religion abgelegt". Daraus zog der ehemalige Terrorismusbekämpfer im Bundeskriminalamt den Schluss, dass weder „die Deutschen, noch die Juden" ein Tätervolk seien. Schuld an den Verbrechen seien „die Gottlosen mit ihren gottlosen Ideologien". Hohmann kam daraufhin zu dem Fazit, dass der Vorwurf an die Deutschen ein „Tätervolk zu sein, an der Sache vorbeigehe". Daher rief er seine Zuhörer auf, nach dem Motto zu leben: „Gerechtigkeit für Deutschland, Gerechtigkeit für Deutsche".

Seite aus dem Internet genommen
Der Vorsitzende der örtlichen CDU, Franz Josef Adam, hat nach eigenen Angaben die Rede aufgrund von Medienberichten von der Seite entfernen lassen. Er wolle sich den Text erst noch einmal in Ruhe ansehen.
Er selbst sei bei der Veranstaltung im Bürgerhaus Neuhof dabei gewesen und könne entschieden zurückweisen, dass Hohmann „antisemitische Parolen" geäußert habe, sagte Adam. Hohmann habe auf keinen Fall die jüdische Bevölkerung beleidigen wollen.
Hohmann selbst rechtfertigte im hessen fernsehen seine Äußerungen: Es sei ein schreckliches Jahrhundert mit Leid auf beiden Seiten gewesen. „Dieses Leid sollten wir auf beiden Seiten anerkennen."

Nicht die erste umstrittene Äußerung Hohmanns
Hohmann hatte in der Vergangenheit bereits durch abfällige Äußerungen über Homosexuelle für Schlagzeilen gesorgt. Vor rund einem Jahr bezeichnete er ein Adoptionsrecht für Homosexuelle als „Denaturierung des Leitbildes der Familie", dem man „mit aktiver Zivilcourage" begegnen müsse. Im Bundestag äußerte Hohmann im November 2000 während einer Zwischenfrage, dass „die drei großen monotheistischen Religionen ein klares Unwerturteil über Homosexualität" fällen würden.

Stand: 30.10.2003 23:56 Uhr
http://www.hagalil.com/archiv/2003/10/hohmann-4.html

Anlage 2

Spiegel-Online, 11.10.2003: Israel - Deutsche U-Boote zu Atomwaffenträgern umgebaut.
Internetauszug vom 11.10.2003

Israel
Deutsche U-Boote zu Atomwaffenträgern umgebaut
Drastische Verschärfung der Situation im Nahen Osten: Israel hat laut Angaben aus US-Kreisen seine von Deutschland gelieferten U-Boote zu Abschussrampen für Atomraketen ausgebaut. Gleichzeitig lässt die Regierung Sharon Pläne für einen Angriff auf iranische Atomanlagen ausarbeiten.

Tel Aviv - Sie waren als Geschenk der Deutschen an die bedrängten Israelis gedacht: Drei U-Boote der „Delphin"-Klasse versprach Bundeskanzler Helmut Kohl 1991 nach dem Golfkrieg der Regierung in Tel Aviv. [...]

Nun mehren sich die Hinweise darauf, dass Israel die deutschen U-Boote zu Unterwasserrampen für Atomraketen ausgebaut hat. Nach einem Bericht der US-Zeitung „Los Angeles Times", die sich auf amerikanische und israelische Regierungskreise beruft, haben die Militärs die amerikanischen „Harpoon"-Raketen der Tauchboote mit atomaren Sprengköpfen bestückt. [...]

Nach Recherchen des SPIEGEL erhielt eine Spezialeinheit des Geheimdienstes Mossad kürzlich sogar den Auftrag, Pläne zur Zerstörung iranischer Atomanlagen auszuarbeiten. Danach sehen die in Jerusalem vorgelegten Szenarien vor, dass etwa ein halbes Dutzend Ziele von F-16-Kampfbombern „gleichzeitig sowie vollständig" zerstört werden müssten [...].

Mini-Atombombe im Sprengkopf

Schon seit einigen Jahren hatten Rüstungs-Experten vor den Atomplänen der Israelis für ihre U-Boote gewarnt. Eine parlamentarische Anfrage, ob eine Umrüstung für den Nukleareinsatz Grund sei für den Einbau übergroßer 650-Millimeter-Torpedorohre statt der üblichen 533 Millimeter, hatte das deutsche Verteidigungsministerium nur sybillinisch beantwortet: „Die Bundesregierung kann letztlich keine Bestückung ausschließen."

Die Tauchboote können länger als vier Wochen und weiter als 15.000 Kilometer fahren, werden mit zehn Torpedos und „Harpoon"-Marschflugkörpern bestückt. Diese rund 130 Kilometer weit reichenden Anti-Schiffsflugkörper hat, so berichtet die „Los Angeles Times", die israelische Marine offenbar mit Atomsprengköpfen versehen und

zum Einsatz gegen Landziele umgerüstet. Nach Expertenmeinung musste sie dafür die Atomwaffe so verkleinern, dass sie in den „Harpoon"-Sprengkopf passt. Weiterhin sei das Steuerungsprogramm, das den Marschflugkörper sonst dicht an der Wasseroberfläche entlangleitet, auf Landbetrieb umgestellt worden.
Seit der Iran Anfang der neunziger Jahre etliche Langstreckenraketen in Stellung gebracht hat, bemüht sich die israelische Armee, ihr Atomwaffen-Arsenal auf See zu verlegen und so aus der Schusslinie seiner Gegner zu bringen. Durch die Umrüstung der zur Jahrtausendwende gelieferten Schwimmkörper ist Israel jetzt als einziges Land im Nahen Osten in der Lage, Atomwaffen vom Boden, aus der Luft und von See aus einzusetzen.

Die Amerikaner sehen und schweigen
Insgesamt soll Israel 100 bis 200 hoch moderne atomare Waffen besitzen, hat das jedoch offiziell nie zugegeben. Washington akzeptiert diesen Zustand seit 1969 und hat Israel nie unter Druck gesetzt, den internationalen Atomwaffen-Sperrvertrag zu unterzeichnen. „Wir tolerieren Atomwaffen in Israel aus den gleichen Gründen, aus dem wir sie in Großbritannien und Frankreich tolerieren", sagte ein hoher amerikanischer Regierungsbeamter der „Los Angeles Times". „Wir sehen Israel nicht als Bedrohung." [...]
Arabische Diplomaten und Vertreter der Uno bemängeln, dass die Geheimniskrämerei Israels um seine Nuklearwaffen sowie das Schweigen der USA bei den arabischen Staaten den Wunsch verstärkt hätten, eigene Atomwaffen zu produzieren.
„Das Vorhandensein eines Atomprogramms in der Region, das nicht unter internationaler Aufsicht steht, ermuntert andere Länder dazu, Massenvernichtungswaffen zu entwickeln", sagte Nabil Fahmy, der ägyptische Botschafter in den USA der „Los Angeles Times". [...]

http://www.spiegel.de/politik/ausland/
0,1518,269409,00.html
11.10.2003, 16.43

Anlage 3

Martin Hohmann MdB: Ansprache vom 03.10.2003

Anrede
Wir wollen uns über das Thema „Gerechtigkeit für Deutschland", über unser Volk und seine etwas schwierige Beziehung zu sich selbst einige Gedanken machen. Wir halten uns nicht zu lange mit vordergründigen Erscheinungen auf. Aber es ist halt schon merkwürdig, und viele Deutsche nehmen daran Anstoß, daß ein verurteilter türkischer Mordanstifter nach Verbüßung seiner Haftstrafe nicht in sein türkisches Heimatland ausgewiesen werden kann. Ein deutsches Gericht legt deutsche Gesetze so aus, daß der sogenannte Kalif von Köln sich nicht zur Rückreise in die Türkei, sondern zum weiteren Bezug deutscher Sozialhilfe gezwungen sieht.

Da deckt eine große Boulevard-Zeitung den Fall des Miami-Rolf auf. Dieser mittellose deutsche Rentner erhielt vom Landessozialamt Niedersachsen den Lebensunterhalt, die Miete nebst Kosten für eine Putzfrau, zusammen 1425,- Euro monatlich ins warme Florida überwiesen. Das ist derzeit noch ganz legal, denn nach § 119 Bundessozialhilfegesetz können deutsche Staatsbürger auch im Ausland Sozialhilfe erhalten, wenn schwerwiegende Umstände einer Rückkehr entgegenstehen. In einem psychiatrischen Gutachten war festgestellt worden, Rolf J. sei in seinem „gewohnten Umfeld" in Florida besser aufgehoben. Er kann dort von seinen amerikanischen Freunden eher „aufgefangen" werden.

Vor kurzem wurde eine Hessische Kreisverwaltung dazu verdonnert, einem 54jährigen Sozialhilfeempfänger das Potenzmittel „Viagra" nicht grundsätzlich zu verweigern. Vor dem Hintergrund der beiden letztgenannten Fälle schreibt die Zeitung „Das freie Wort" aus Suhl: „Viagra aus Staatsknete war gestern, aber heute gibt es die Deutschland-Allergie." Die Oldenburgische Nordwestzeitung empfiehlt: „Deutsche, laßt die Arbeit liegen, ab ins Paradies." Treffend bemerkt die „Deister- und Weserzeitung": „Wut und Entsetzen kocht da hoch."

Viele von Ihnen kennen ähnliche Beispiele, in denen der gewährende deutsche Sozialstaat oder der viele Rechtswege eröffnende Rechtsstaat gnadenlos ausgenutzt werden. Dabei hat der einzelne, den man früher Schmarotzer genannt hätte, in der Regel kein schlechtes Gewissen. Wohlmeinende Sozialpolitiker aller Couleur haben das individuelle Anspruchsdenken kräftig gestärkt, man kann sogar sagen verselbständigt. Dabei ist ganz aus dem Blick geraten, daß all diese Sozialhilfe-Euros vorher von anderen hart erarbeitet oder per Staatskredit der jungen Generation aufgebürdet werden müssen. Bei der Abwägung von Rechten und Pflichten wurden die Rechte des Einzelnen groß heraus-, die Pflichten des Einzelnen aber hintangestellt. Wie viele Menschen in Deutschland klopfen ihre Pläne und Taten auch darauf ab, ob sie nicht nur eigennützig, sondern auch gemeinschaftsnützig sind, sie der Gemeinschaft nützen, ob sie unser Land voranbringen?

Das Wir-Denken, die Gemeinschaftsbezogenheit, müssen aber zweifellos gestärkt werden. Bitter für uns, daß diese schwierige Übung ausgerechnet in einer Zeit wirtschaftlicher Stagnation von uns verlangt wird. Die Zahl der bereits erfolgten Einschränkungen ist nicht gering, die Zahl der künftigen – dazu muß man kein Prophet sein – wird noch größer sein. Die große Mehrheit der Bevölkerung verschließt sich einem Sparkurs nicht. Allerdings wird eines verlangt: Gerecht muß es zugehen. Wenn erfolglose Manager sich Abfindungen in zweistelligem Millionenbereich auszahlen lassen, fehlt nicht nur dem unverschuldet Arbeitslosen dafür jegliches Verständnis. Nun könnte man diese horrenden Abfindungen noch als Auswüchse des sogenannten kapitalistischen Systems bewerten und mit der gleichen Praxis in den Vereinigten Staaten entschuldigen. Aber besonders auch im Verhältnis zum eigenen Staat erahnen viele Deutsche Gerechtigkeitslücken. Sie haben das Gefühl, als normaler Deutscher schlechter behandelt zu werden als andere. Wer seine staatsbürgerlichen Pflichten erfüllt, fleißig arbeitet und Kinder großzieht, kann dafür in Deutschland kein Lob erwarten, im Gegenteil, er fühlt sich eher als der Dumme. Bei ihm nämlich kann der chronisch klamme Staat seine leeren Kassen auffüllen.

Leider, meine Damen und Herren, kann ich den Verdacht, daß man als Deutscher in Deutschland keine Vorzugsbehandlung genießt, nicht entkräften. Im Gegenteil. Ich habe drei Anfragen an die Bundesregierung gestellt:
1. Ist die Bundesregierung angesichts der Wirtschaftsentwicklung und des Rückgangs der Staatseinnahmen bereit, ihre Zahlungen an die Europäische Union zu verringern? Die Antwort war: Die deutsche Verpflichtung gegenüber der Europäischen Union wird ohne Abstriche eingehalten.
2. Ist die Bundesregierung bereit, sich auch für deutsche Zwangsarbeiter einzusetzen, nachdem für ausländische und jüdische Zwangsarbeiter 10 Milliarden DM zur Verfügung gestellt worden sind? Die Antwort war: Man könne die beiden Fälle nicht vergleichen. Die Bundesregierung wird sich gegenüber Rußland, Polen und der Tschechischen Republik auch nicht für eine symbolische Entschädigung und ein Zeichen der Genugtuung für die deutschen Zwangsarbeiter einsetzen.
3. Ist die Bundesregierung angesichts der Wirtschaftsentwicklung und des Rückgangs der Steuereinnahmen bereit, ihre Entschädigungszahlungen nach dem Bundesentschädigungsgesetz (also an – vor allem jüdische – Opfer des Nationalsozialismus) der gesunkenen Leistungsfähigkeit des deutschen Staates anzupassen? Die Antwort war: Nein, der Respekt vor dem damaligen Leiden dieser Menschen gebiete, das Entschädigungsniveau uneingeschränkt aufrechtzuerhalten.

Mich haben diese Antworten nachdenklich gemacht und sie bestätigen die in unserem Land weitverbreitete Anschauung: Erst kommen die anderen, dann wir. Überspitzt gesagt: Hauptsache, die deutschen Zahlungen gehen auf Auslandskonten pünktlich und ungeschmälert ein. Dafür müssen die Deutschen den Gürtel halt noch ein wenig enger schnallen.

Offengestanden, ich würde mir einen Konsens wünschen, wie er in vielen anderen Ländern der Welt besteht. Dort lautet dieser Konsens: Der eigene Staat muß in erster Linie für die eigenen Staatsbürger da sein. Wenn schon eine Bevorzugung der Deutschen als nicht möglich oder nicht opportun erscheint, dann erbitte ich wenigstens Gleichbehandlung von Ausländern und Deutschen.

Fragt man nach den Ursachen dieser Schieflage, so werden viele antworten: Das liegt an der deutschen Geschichte.

Meine Damen und Herren, kein Kundiger und Denkender kann ernsthaft den Versuch unternehmen, deutsche Geschichte weißzuwaschen oder vergessen zu machen. Nein. Wir alle kennen die verheerenden und einzigartigen Untaten, die auf Hitlers Geheiß begangen wurden. Hitler, als Vollstrecker des Bösen, und mit ihm die Deutschen schlechthin, sind gleichsam zum Negativsymbol des letzten Jahrhunderts geworden. Man spricht von einer „Vergangenheit, die nicht vergehen will". Man räumt dem Phänomen Hitler auch heute noch in öffentlichen Darstellungen eine ungewöhnlich hohe Präsenz ein. Tausende von eher minderwertigen Filmen sorgen vor allem im angelsächsischen Ausland dafür, das Klischee vom dümmlichen, brutalen und verbrecherischen deutschen Soldaten wachzuhalten und zu erneuern.

Wird hingegen darauf hingewiesen, auch Deutsche seien im letzten Jahrhundert im großen Stil Opfer fremder Gewalt geworden, so gilt das schon als Tabubruch. Die Diskussion um das Zentrum gegen Vertreibungen belegt dies eindrucksvoll. Da wird dann gleich die Gefahr des Aufrechnens beschworen. Auf die Verursachung des Zweiten Weltkrieges durch das Hitlerregime wird verwiesen. In einem Interview hat unlängst Hans-Olaf Henkel, der Vizepräsident des Bundesverbandes der deutschen Industrie, das Faktum und die Folgen dieser negativen Vergangenheitsbezogenheit auf den Punkt gebracht. Er sagte: „Unsere Erbsünde lähmt das Land." (HÖR ZU 21/2003, Seite 16 ff)

Immer wieder erfahren wir, wie stark die 12 Jahre der NS-Vergangenheit bis in unsere Tage wirksam sind. Fast möchte man sagen, je länger die Nazidiktatur zurückliegt, desto wirkmächtiger wird der Hitlersche Ungeist. Das Häufchen seiner Adepten am rechtsextremen Rand der politischen Szene ist nicht zu verharmlosen. Die abstoßende Aggressivität ihrer öffentlichen Auftritte sorgt aber in der Regel für begrenzte Anhängerschaft im heutigen demokratischen Deutschland. An der Wahlurne erteilen die deutschen Wähler diesen Dumpfbacken jeweils eine klarere Abfuhr, als das in vergleichbaren Nachbarländern geschieht. So gesehen ist das Scheitern des NPD-Verbotes von Vorteil, weil nicht das Verfassungsgericht, sondern der deutsche Souverän, das Wahlvolk sein Urteil über den braunen Abhub spricht. Dieser aktuell zu beobachtende, tagespolitisch aktive Teil des braunen Erbes gehört zu den unangenehmen, aber wohl unumgänglichen Erscheinungen einer parlamentarischen Demokratie. Der Narrensaum am rechten und linken Rand des politischen Spektrums muß politisch und, wo Strafgesetze verletzt werden, mit justiziellen Mitteln bekämpft werden. Im erfolgreichen Kampf gegen gewaltsame Extremisten haben sich unsere Staatsschutzorgane bewährt und in Krisen, wie den blutigen RAF-Terrorismus der 70er Jahre, unser Vertrauen erworben.

Nicht die braunen Horden, die sich unter den Symbolen des Guten sammeln, machen tiefe Sorgen. Schwere Sorgen macht eine allgegenwärtige Mutzerstörung im nationalen Selbstbewußtsein, die durch Hitlers Nachwirkungen ausgelöst wurde. Das durch ihn veranlaßte Verbrechen der industrialisierten Vernichtung von Menschen, besonders der europäischen Juden, lastet auf der deutschen Geschichte. Die Schuld von Vorfahren an diesem Menschheitsverbrechen hat fast zu einer neuen Selbstdefinition der Deutschen geführt. Trotz der allseitigen Beteuerungen, daß es Kollektivschuld nicht gebe, trotz nuancierter Wortneuschöpfungen wie „Kollektivverantwortung" oder „Kollektivscham": Im Kern bleibt der Vorwurf: die Deutschen sind das „Tätervolk".

Jede andere Nation neigt eher dazu, die dunklen Seiten ihrer Geschichte in ein günstigeres Licht zu rücken. Vor beschämenden Ereignissen werden Sichtschutzblenden aufgestellt. Bei den anderen wird umgedeutet. Paradebeispiel für Umdeutung ist die Darstellung der französischen Revolution. Da ist das große Massaker in Paris und den Provinzen, besonders in der Vendee. Da ist die anschließende Machtübernahme durch einen Alleinherrscher, dessen Eroberungskriegszüge millionenfachen Tod über Europa brachten. Die Mehrheit französischer und außerfranzösischer Stimmen beschreiben dennoch die Revolution mit ihrem Terror als emanzipatorischen Akt und Napoleon als milden, aufgeklärten Vater des modernen Europa.

Solche gnädige Neubetrachtung oder Umdeutung wird den Deutschen nicht gestattet. Das verhindert die zur Zeit in Deutschland dominierende politische Klasse und Wissenschaft mit allen Kräften. Sie tun „fast neurotisch auf der deutschen Schuld beharren", wie Joachim Gauck es am 1.10.2003 ausgedrückt hat.

Mit geradezu neurotischem Eifer durchforschen immer neue Generationen deutscher Wissenschaftler auch noch die winzigsten Verästelungen der NS-Zeit.

Es verwundert, daß noch keiner den Verzicht auf Messer und Gabel vorgeschlagen hat, wo doch bekanntermaßen diese Instrumente der leiblichen Kräftigung der damaligen Täter dienten. Die Deutschen als Tätervolk. Das ist ein Bild mit großer, international wirksamer Prägekraft geworden. Der Rest der Welt hat sich hingegen in der Rolle der Unschuldslämmer – jedenfalls der relativen Unschuldslämmer – bestens eingerichtet. Wer diese klare Rollenverteilung – hier die Deutschen als größte Schuldigen aller Zeiten, dort die moralischen überlegenen Nationen – nicht anstandslos akzeptiert, wird Schwierigkeiten erhalten. Schwierigkeiten gerade von denen, die als 68er das „Hinterfragen, das Kritisieren und das Entlarven" mit großem persönlichen Erfolg zu ihrer Hauptbeschäftigung gemacht haben. Einige von den Entlarvern hat es bekanntermaßen bis in höchste Staatsämter getragen.

Meine sehr geehrten Damen und Herren,

um jedem Mißverständnis auszuweichen: Mit Ihnen gemeinsam bin ich für Klarheit und Wahrheit. Es soll, darf nicht verschwiegen und beschönigt werden. „Hehle nimmer mit der Wahrheit, bringt sie Leid, nicht bringt sie Reue", sagt der Dichter. Ja, das Unangenehme, das Unglaubliche, das Beschämende an der Wahrheit, das gilt es auszuhalten. Wir Deutschen haben es ausgehalten, wir halten es seit Jahrzehnten aus. Aber bei vielen kommt die Frage auf, ob das Übermaß der Wahrheiten über die verbrecherischen und verhängnisvollen 12 Jahre der NS-Diktatur nicht

a) instrumentalisiert wird und
b) entgegen der volkspädagogischen Erwartung in eine innere Abwehrhaltung umschlagen könnte.

Immer und immer wieder die gleiche schlimme Wahrheit: Das kann, das muß geradezu psychische Schäden bewirken, wie wir aus der Resozialisierungspsychologie wissen.

Schlimm ist es besonders, wenn ein US-amerikanischer Junior-Professor (Daniel Jonah Goldhagen) als Ergebnis seiner Aufklärungsarbeit unser ganzes Volk als „Mörder von Geburt an" bezeichnet. Diese ebenso schrille wie falsche These hat ihm jedoch - besonders in Deutschland - Medienaufmerksamkeit und Autorenhonorar gesichert. Andere Nationen würden ihn mit kalter Verachtung links liegen lassen.

In der Tat lehnen sich gerade jüngere Menschen dagegen auf, für Verfehlungen von Großvätern und Urgroßvätern in Anspruch genommen und mit dem Verdikt „Angehöriger des Tätervolks" belegt zu werden.

Ganz zweifellos steht fest: Das deutsche Volk hat nach den Verbrechen der Hitlerzeit sich in einer einzigartigen, schonungslosen Weise mit diesen beschäftigt, um Vergebung gebeten und im Rahmen des Möglichen eine milliardenschwere Wiedergutmachung geleistet, vor allem gegenüber den Juden. Auf die Verträge zwischen der Bundesrepublik Deutschland und dem Staat Israel unter den Führungspersönlichkeiten Adenauer und Ben Gurion darf ich verweisen. Zu der damals vereinbarten Wiedergutmachung bekennt sich die Mehrheit der Deutschen ganz ausdrücklich, wobei Leid und Tod in unermeßlichem Maß nicht ungeschehen gemacht werden kann.

Auf diesem Hintergrund stelle ich die provozierende Frage: Gibt es auch beim jüdischen Volk, das wir ausschließlich in der Opferrolle wahrnehmen, eine dunkle Seite in der neueren Geschichte oder waren Juden ausschließlich die Opfer, die Leidtragenden?

Meine Damen und Herren, es wird Sie überraschen, daß der amerikanische Autokönig Henry Ford 1920 ein Buch mit dem Titel „The International Jew" herausgegeben hat. Dieses Buch hat in den USA eine Auflage von 500.000 Exemplaren erlebt. Es wurde ein Weltbestseller und in 16

Sprachen übersetzt. Darin prangert Ford die Juden generalisierend als „Weltbolschewisten" an. Er vermeinte, einen „alljüdischen Stempel auf dem roten Rußland" ausmachen zu können, wo damals die bolschewistische Revolution tobte. Er bezeichnete die Juden in „hervorragendem Maße" als „Revolutionsmacher". Dabei bezog er sich auf Rußland, Deutschland und Ungarn. Ford brachte in seinem Buch eine angebliche „Wesensgleichheit" von Judentum und Kommunismus bzw. Bolschewismus zum Ausdruck.

Wie kommt Ford zu seinen Thesen, die für unsere Ohren der NS-Propaganda vom „jüdischen Bolschewismus" ähneln? Hören wir, was der Jude Felix Teilhaber 1919 sagt: „Der Sozialismus ist eine jüdische Idee ... Jahrtausende predigten unsere Weisen den Sozialismus." Damit wird auch ausgedrückt, daß an der Wiege des Kommunismus und Sozialismus jüdische Denker standen. So stammt Karl Marx über beide Eltern von Rabbinern ab. Sein Porträt hing im Wohnzimmer einer jüdischen Frauenforscherin, die im übrigen bekennt: „Ich bin damit groß geworden, daß ein jüdischer Mensch sich für soziale Gerechtigkeit einsetzt, progressiv und sozialistisch ist. Sozialismus war unsere Religion." Immer wieder klingen in den Schriften dieser frühen kommunistischen Zeit quasi religiöse Züge an. Viele der für den Bolschewismus engagierten Juden fühlten sich sozusagen als „gläubige Soldaten der Weltrevolution". So erwartete Kurt Eisner bereits 1908, die „Religion des Sozialismus" werde die „Verzweiflung des Jammertals" und die „Hoffnungslosigkeit des irdischen Geschicks" überwinden. Leo Rosenberg verherrlicht das Proletariat 1917 gar als „Weltmessias".

Konkret stellt sich die Frage: Wieviel Juden waren denn nun in den revolutionären Gremien vertreten? Zum siebenköpfigen Politbüro der Bolschewiki gehörten 1917 vier Juden: Leo Trotzki, Leo Kamenjew, Grigori Sinowjew und Grigori Sokolnikow. Die Nichtjuden waren Lenin, Stalin, Bubnow. Unter den 21 Mitgliedern des revolutionären Zentralkomitees in Rußland waren 1917 6 jüdischer Nationalität, also 28,6 %. Der überaus hohe Anteil von Juden bei den kommunistischen Gründervätern und den revolutionären Gremien beschränkte sich keineswegs auf die Sowjetunion. Auch Ferdinand Lassalle war Jude ebenso wie Eduard Bernstein und Rosa Luxemburg. 1924 waren von sechs KP-Führern in Deutschland vier und damit zwei Drittel jüdisch. In Wien waren von 137 führenden Austro-Marxisten 81 und somit 60 % jüdisch. Von 48 Volkskommissaren in Ungarn waren 30 jüdisch gewesen. Aber auch bei der revolutionären sowjetischen Geheimpolizei, der Tscheka, waren die jüdischen Anteile außergewöhnlich hoch. Während der jüdische Bevölkerungsanteil 1934 in der Sowjetunion bei etwa 2 % lag, machten die jüdischen Tscheka-Führer immerhin 39 % aus. Jüdisch galt, das sei erläuternd gesagt, in der Sowjetunion als eigene Nationalität. Damit war er höher als der russische Anteil bei der Tscheka mit 36 %. In der Ukraine waren sogar 75 % der Tschekisten Juden.

Diese Feststellung leitet zu einem Kapitel über, das zur damaligen Zeit für ungeheure Empörung gesorgt hat. Der Mord am russischen Zaren und seiner Familie wurde von dem Juden Jakob Swerdlow angeordnet und von dem Juden Chaimowitz Jurowski am Zaren Nikolaus II. eigenhändig vollzogen. Weiter stellt sich die Frage, ob Juden in der kommunistischen Bewegung eher Mitläufer- oder Leitungsfunktion hatten. Letzteres trifft zu. Leo Trotzki in der UdSSR, Bela Kun in Ungarn.

Nicht zu vergessen die Münchner Räterepublik: Kurt Eisner, Eugen Leviné, Tobias Achselrod und andere Juden waren hier als unbestrittene Führungspersönlichkeiten tätig. Ein großes Aufsehen erregte damals das Eindringen bewaffneter Rotgardisten in die Münchner Nuntiatur des späteren Pacelli-Papstes. Er wurde von den Revolutionären mit einer auf die Brust gehaltenen Pistole bedroht. Auch die Ende April 1919 von Rotgardisten durchgeführte Erschießung von sieben Mitgliedern der „Thule-Gesellschaft", die in enger Verbindung zur späteren NSDAP stand, zeigt die Entschlossenheit des revolutionären Prozesses. Diese Geiselerschießung, der die Londoner Times am 5. Mai 1919 eine Schlagzeile gewidmet hatte, gab einem „giftigen Antisemitismus Nahrung und erzeugte lange nachwirkende Rachegelüste".

Weiter könnte nach dem revolutionären Eifer und der Entschlossenheit der jüdischen Kommunisten gefragt werden. Nun, diese revolutionäre Elite meinte es wirklich ernst, so äußerte Franz Koritschoner von der KPÖ: „Zu lügen und zu stehlen, ja auch zu töten für eine Idee, das ist Mut, dazu gehört Größe." Grigori Sinowjew verkündete 1917: „90 von 100 Millionen Sowjet-Russen müssen mitziehen. Was den Rest angeht, so haben wir ihnen nichts zu sagen. Sie müssen ausgerottet werden." (S.138) Ähnlich auch hat Moisei Wolodarski formuliert: „Die Interessen der Revolution erfordern die physische Vernichtung der Bourgeoisie." (S.138) Ganz ähnlich auch Arthur Rosenberg im Jahre 1922: „Die Sowjetmacht hat die Pflicht, ihre unversöhnlichen Feinde unschädlich zu machen." (S.163)

Zweifellos waren diese Äußerungen kommunistischer jüdischer Revolutionäre keine leeren Drohungen. Das war Ernst. Das war tödlicher Ernst. Nach einer von Churchill 1930 vorgetragenen statistischen Untersuchung eines Professors sollen den Sowjets bis 1924 folgende Menschen zum Opfer gefallen sein: 28 orthodoxe Bischöfe, 1219 orthodoxe Geistliche, 6000 Professoren und Lehrer, 9000 Doktoren, 12.950 Grundbesitzer, 54.000 Offiziere, 70.000 Polizisten, 193.000 Arbeiter, 260.000 Soldaten, 355.000 Intellektuelle und Gewerbetreibende sowie 815.000 Bauern.

Ein besonders grausames Kapitel war das Niederringen jeglichen Widerstandes gegen die Zwangskollektivierung in der Ukraine. Unter maßgeblicher Beteiligung jüdischer Tschekisten fanden hier weit über 10 Millionen Menschen den Tod. Die meisten gingen an Hunger zu Grunde.

Keinesfalls darf die ausgesprochen antikirchliche und antichristliche Ausrichtung der bolschewistischen Revolution unterschlagen werden, wie es in den meisten Schulbüchern der Fall ist. Tatsächlich hat der Bolschewismus mit seinem kriegerischen Atheismus die umfassendste Christen- und Religionsverfolgung der Geschichte durchgeführt. Nach einer von russischen Behörden erstellten Statistik wurden zwischen 1917 und 1940 96.000 orthodoxe Christen, darunter Priester, Diakone, Mönche, Nonnen und andere Mitarbeiter nach ihrer Verhaftung erschossen. Weder die orthodoxen Kirchen oder Klöster wurden verschont.

Die Baulichkeiten wurden entweder zerstört oder für profane Zwecke genutzt. So wurden Kirchen zu Clubs, Kaufläden oder Speichern umgewandelt. Das Gold und das Silber der sakralen Schätze der orthodoxen Kirche verwendete man zur Finanzierung weltweiter revolutionärer Bewegungen.

Wie ging es den religiösen Juden selbst in der frühen Sowjetunion? Auch sie waren der Verfolgung durch die Bolschewisten ausgesetzt. An der Spitze der bolschewistischen sogenannten Gottlosen-Bewegung stand ausgerechnet Trotzki. Er leugnete damals sein Judentum, wurde aber von den Russen und weltweit als Jude wahrgenommen.

Meine Damen und Herren, wir haben nun gesehen, wie stark und nachhaltig Juden die revolutionäre Bewegung in Rußland und mitteleuropäischen Staaten geprägt haben. Das hat auch den amerikanischen Präsidenten Woodrow Wilson 1919 zu der Einschätzung gebracht, die bolschewistische Bewegung sei „jüdisch geführt". Mit einer gewissen Berechtigung könnte man im Hinblick auf die Millionen Toten dieser ersten Revolutionsphase nach der „Täterschaft" der Juden fragen. Juden waren in großer Anzahl sowohl in der Führungsebene als auch bei den Tscheka-Erschießungskommandos aktiv. Daher könnte man Juden mit einiger Berechtigung als „Tätervolk" bezeichnen. Das mag erschreckend klingen. Es würde aber der gleichen Logik folgen, mit der man Deutsche als Tätervolk bezeichnet.

Meine Damen und Herren, wir müssen genauer hinschauen. Die Juden, die sich dem Bolschewismus und der Revolution verschrieben hatten, hatten zuvor ihre religiösen Bindungen gekappt. Sie waren nach Herkunft und Erziehung Juden, von ihrer Weltanschauung her aber meist glühende Hasser jeglicher Religion. Ähnliches galt für die Nationalsozialisten. Die meisten von ihnen entstammten einem christlichen Elternhaus. Sie hatten aber ihre Religion abgelegt und waren zu Feinden der christlichen und der jüdischen Religion geworden. Verbindendes Element des Bolschewismus und des Nationalsozialismus war also die religionsfeindliche Ausrichtung und die Gottlosigkeit. Daher sind weder „die Deutschen", noch „die Juden" ein Tätervolk. Mit vollem Recht aber kann man sagen: Die Gottlosen mit ihren gottlosen Ideologien, sie waren das Tätervolk des letzten, blutigen Jahrhunderts. Diese gottlosen Ideologien gaben den „Vollstreckern des Bösen" die Rechtfertigung, ja das gute Gewissen bei ihren Verbrechen. So konnten sie sich souverän über das göttliche Gebot „Du sollst nicht morden" hinwegsetzen. Ein geschichtlich bisher einmaliges millionenfaches Morden war das Ergebnis. Daher, meine Damen und Herren, plädiere ich entschieden für eine Rückbesinnung auf unsere religiösen Wurzeln und Bindungen. Nur sie werden ähnliche Katastrophen verhindern, wie sie uns Gottlose bereitet haben. Die christliche Religion ist eine Religion des Lebens. Christus hat gesagt: „Ich will, daß sie das Leben haben und daß sie es in Fülle haben." (Joh. 10, 10) Damit ist nicht nur das jenseitige, sondern ganz konkret unser reales heutiges Leben und Überleben gemeint. Deswegen ist es auch so wichtig, daß wir den Gottesbezug in die europäische Verfassung aufnehmen.

Meine sehr geehrten Damen und Herren, wir haben also gesehen, daß der Vorwurf an die Deutschen schlechthin, „Tätervolk" zu sein, an der Sache vorbeigeht und unberechtigt ist. Wir sollten uns in Zukunft gemeinsam gegen diesen Vorwurf wehren. Unser Leitspruch sei: Gerechtigkeit für Deutschland, Gerechtigkeit für Deutsche.

Ich komme zum Schluß und sage: Mit Gott in eine gute Zukunft für Europa! Mit Gott in eine gute Zukunft besonders für unser deutsches Vaterland!

Anmerkung: Seitenzahlen ohne nähere Angabe beziehen sich auf das Buch „Jüdischer Bolschewismus - Mythos und Realität" von Johannes Rogalla von Bieberstein.

Anlage 4

FZ-TED-Umfrage vom 12.11.2003 und Ergebnis der FZ-TED-Umfrage vom 13.11.2003

Fuldaer Zeitung

Keine Unterstützung in CDU-Fraktion / Abgeordneter verteidigt seine Rede

Hohmanns Rauswurf nur noch Formsache

Berlin/Fulda (dpa/AP/FZ) Der von Partei- und Fraktionsausschluss bedrohte Fuldaer CDU-Bundestagsabgeordnete Martin Hohmann hat seine als antisemitisch kritisierte Rede erneut verteidigt und sich damit nach Ansicht der Unionsspitze endgültig ins Abseits gestellt. Sein Ausschluss aus der Fraktion wird bei der Abstimmung am Freitag nur noch als Formsache angesehen.

Nach einer zweistündigen Fraktionsdebatte gestern in Berlin sagte der stellvertretende Vorsitzende Wolfgang Bosbach, kein Abgeordneter habe angekündigt, gegen den von CDU-Chefin Angela Merkel begründeten Ausschlussantrag zu votieren. Er habe „überhaupt keinen Zweifel", dass dieser Erfolg habe. Nicht komplett ausgeschlossen wurde aber auch, dass Hohmann die Fraktion noch vor dem Votum freiwillig verlässt.

Der Parlamentarier, der Juden in einen Zusammenhang mit dem Begriff „Tätervolk" gebracht hatte, wurde von Fraktionsmitgliedern mit den Worten zitiert, wenn er seine Äußerung "zurücknehme, handele er inkonsequent und werde unglaubwürdig, habe auch Probleme mit einem wabernden Schuldvorwurf". Hohmann erklärte nach Angaben von Parteikollegen auch, er wolle nicht länger die Bürde der Kollektivschuld tragen und von seinen umstrittenen Reden nicht Abstand nehmen. Bosbach erklärte,

Hohmann habe sich als fest im Glauben verankerter „Fuldamentalist" bezeichnet – unter Anspielung auf seine Heimat.

Bereits vor der Sitzung hatte sich abgezeichnet, dass die Parteiführungen von CDU und CSU geschlossen hinter Merkel und dem geplanten Ausschluss Hohmanns aus Partei und Fraktion stehen. In einer Telefonkonferenz stimmten gestern Morgen alle zugeschalteten Mitglieder des CDU-Präsidiums Merkels Kurs zu. Auch der CSU-Chef, Bayerns Ministerpräsident Edmund Stoiber, unterstützte Merkel. Wer die Einzigartigkeit des Holocaust zu relativieren versuche, stelle sich außerhalb des demokratischen Konsenses, sagte Stoiber in München.

FZ-TED-Umfrage
Ist es richtig, den CDU-Abgeordneten Martin Hohmann aus Fraktion und Partei auszuschließen?
JA (0180) 400322503-1
NEIN (0180) 400322503-2

Ein Anruf aus dem Festnetz der Deutschen Telekom kostet 24 Cent. Die Leitungen sind bis heute, 17 Uhr, geschaltet. Über das Ergebnis informieren wir Sie in der morgigen Ausgabe.

Der Präsident des Zentralrats der Juden in Deutschland, Paul Spiegel, begrüßte den Schritt als „spät, aber nicht zu spät". CDU-Fraktionsgeschäftsführer Volker Kauder rechtfertigte dagegen das Zögern der Fraktions- und Parteiführung damit, dass Hohmann Zeit gegeben werden sollte, mehr als nur eine taktische Entschuldigung für seine Rede zum Tag der deutschen Einheit zu geben. Auch Merkel wies Vorwürfe zurück, mit dem Antrag zu lange gewartet zu haben.

Der für den Parteiausschluss zuständige hessische Parteichef, Ministerpräsident Roland Koch, räumte Schwierigkeiten bei der Vermittlung des Parteikurses ein, appellierte jedoch an die Geschlossenheit der CDU. „Es gab vorher auch Kolleginnen und Kollegen in der Partei, die den Weg der Parteivorsitzenden bis zum Montag mitgetragen haben und dabei Bauchschmerzen hatten", sagte er. Die Ausschluss-Entscheidung sei „nachvollziehbar".

Kritik am Vorgehen gegen Hohmann kam aus dessen osthessischen Wahlkreis. Der CDU-Kreis- und Bezirksvorsitzende, Landrat Fritz Kramer, kritisierte im Gespräch mit unserer Zeitung, dass er „als der parteipolitisch Verantwortliche vor Ort von Berlin nicht eingebunden wurde." Hohmann habe eine zweite Chance verdient, auch wenn er einen schweren Fehler begangen habe.

(Seiten 3, 4 und 7)

Fuldaer Zeitung

Fuldaer Abgeordneter will in Fraktion bleiben

Hohmann bittet um Verzeihung

Fulda/Berlin (FZ/dpa/AP) Der Fuldaer CDU-Bundestagsabgeordnete Martin Hohmann hat sich mit dem angedrohten Fraktions- und Parteiausschluss noch nicht abgefunden. Er bat seine Fraktionskollegen um „Verzeihung" und darum, den Antrag auf Fraktionsausschluss zurückzunehmen. Das geht aus Hohmanns Erklärung vor der Bundestagsfraktion am Dienstag hervor, die unserer Zeitung vorliegt.

„Ich möchte alles tun, damit die von mir hervorgerufenen Verletzungen geheilt werden, und bitte nochmals um Verzeihung", heißt es in der Stellungnahme. Rückendeckung erfährt

Ergebnis der FZ-TED-Umfrage

Die Frage lautete:
Ist es richtig,
den CDU-Abgeordneten
Martin Hohmann
aus Fraktion und Partei
auszuschließen?

So haben Sie abgestimmt:

JA 11,75 %

NEIN

Hohmann durch das Ergebnis der gestrigen TED-Umfrage unserer Zeitung, bei der sich 88,25 Prozent der Anrufer gegen den Ausschluss des Neuhofers aus Fraktion und Partei aussprachen. Nur 11,75 finden die Entscheidung der Parteiführung korrekt. Die Resonanz auf die nicht repräsentative Umfrage war enorm: Insgesamt wurden mehr als 5000 Anrufe gezählt.

Ein uneinheitliches Bild ergab sich bei einer bundesweiten, repräsentativen Forsa-Umfrage. Danach sind 41 Prozent der Menschen in Deutschland für einen Parteiausschluss Hohmanns. Ebenfalls 41 Prozent sind der Auffassung, er solle in der CDU bleiben. 18 Prozent der 1006 Befragten hatten keine Meinung. Den Antrag auf Fraktionsausschluss befürworten 43 Prozent, 38 Prozent wollen Hohmann weiter in der CDU/CSU-Fraktion sehen.

Die CDU-Vorsitzende Angela Merkel warb in einem Brief an die Parteibasis um Verständnis für den Ausschluss-Antrag gegen Hohmann. In dem unserer Zeitung vorliegenden Schreiben an Orts- und Kreisvorsitzende heißt es, viele „Zuschriften, Telefonate und Gespräche" hätten ihr gezeigt, dass die Rede des Parlamentariers „uns alle sehr beschäftigt und bewegt". Zwar sei der angestrebte Partei- und Fraktionsausschluss „von außerordentlich schwer wiegender Bedeutung", aber doch unumgänglich. Die Union dürfe nicht zulassen, „dass durch gedankliche Konstruktionen, wie denen von Herrn Hohmann, die Grenze unserer Ziele und Grundsätze überschritten wird." „Diese Grenze sei erreicht, „wenn man sich zu Deutschland nur durch Negativvergleiche mit anderen Menschen, Gruppen und Religionen bekennen kann." Auch künftig sollten wertkonservative Ideen in der CDU eine Heimat haben, schrieb sie. Damit dies unbefangen möglich bleibe, sei der Ausschluss Hohmanns notwendig. „In jeder Phase der Geschichte von CDU und CSU haben wir eine klare und eindeutige Grenzlinie zu all denen gezogen, die unsere Ideale missbrauchen wollen."

Bayerns Ministerpräsident und CSU-Chef Edmund Stoiber distanzierte sich gestern vom CSU-Bundestagsabgeordneten Norbert Geis, der als erstes Mitglied der Fraktion öffentlich Unmut über den beabsichtigten Rauswurf Hohmanns geäußert hatte. Geis erklärte, er halte die Maßnahmen gegen Hohmann für einen „menschlichen Fehler". Er bezeichnete Merkel als „Getriebene", die reagiert habe, weil sich die Lage zugespitzt habe.

Die Union rechnete gestern nicht mehr mit einem freiwilligen Mandatsverzicht Hohmanns. Es gebe zwar Hinweise, dass Hohmann sich das überlege, „aber wir haben da keine Signale", sagte der Parlamentarische Unions-Geschäftsführer Volker Kauder.

Wie am Abend bekannt wurde, hat Hohmann im Jahr 2001 bei der Elite-Einheit „Kommando Spezialkräfte" (KSK) eine Wehrübung absolviert, als diese vom inzwischen entlassenen General Reinhard Günzel geführt wurde.

Erstmals äußerte sich im Gespräch mit unserer Zeitung Neuhofs Bürgermeisterin Maria Schultheis ausführlich zu den Vorgängen. Hohmanns Ausschluss sei ein herber Schlag, so Schultheis.

(Seiten 3, 4, 7 und 8)

Anlage 5

n-tv: Die tagesaktuelle Umfrage vom 12. und 14.11.2003

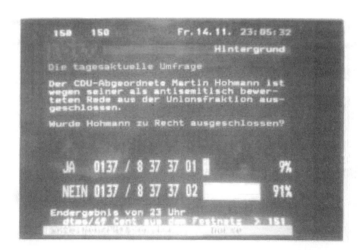

Anlage 6

Hans Christian Andersens Märchen „Des Kaisers neue Kleider"

Vor vielen Jahren lebte einmal ein Kaiser, der so große Stücke auf hübsche neue Kleider hielt, daß er all sein Geld ausgab, um nur immer recht geputzt einherzugehen. Er kümmerte sich nicht um seine Soldaten, kümmerte sich nicht um Theater und Waldpartien, außer wenn es galt, seine neuen Kleider zu zeigen. Für jede Tagesstunde hatte er einen besonderen Rock, und wie man von einem König sagt: „Er befindet sich im Rat", so sagte man hier immer: „Der Kaiser ist im Kleiderzimmer!"

In der großen Stadt, in der er residierte, ging es sehr lustig zu; jeden Tag kamen dort viele Fremde an. Eines Tages erschienen auch zwei Betrüger, die sich für Weber ausgaben und behaupteten, daß sie das schönste Zeug, das man sich denken könne, zu weben verständen. Nicht allein wären die Farben und das Muster schon ungewöhnlich schön, sondern die Kleider, die man von diesem Zeug anfertigte, hätten auch die wunderbare Eigenschaft, daß sie jedem Menschen, der für seinen Beruf nicht taugte oder unerlaubt dumm wäre, unsichtbar blieben.

‚Das wären ja herrliche Kleider', dachte der Kaiser; ‚wenn ich solche Röcke anhätte, könnte ich ja dahinterkommen, welche Männer in meinem Reich zu dem Amt, das sie bekleiden, nicht taugen, ich könnte die Klugen von den Dummen scheiden! Ja, das Zeug muß gleich für mich gewebt werden!' Und er gab den beiden Betrügern ein reiches Handgeld, damit sie ihre Arbeit beginnen möchten.

Sie stellten auch zwei Webstühle auf, stellten sich, als ob sie arbeiteten, hatten aber nicht das geringste auf dem Stuhl. Im Verlangen waren sie jedoch nicht faul; sie begehrten die feinste Seide und das prächtigste Gold. Das steckten sie in die eigene Tasche und arbeiteten an den leeren Webstühlen, und zwar bis tief in die Nacht hinein.

‚Nun möchte ich doch wohl wissen, wie weit sie mit dem Zeug sind!' dachte der Kaiser, aber es war ihm doch ein wenig bänglich um das Herz bei dem Gedanken, daß derjenige, welcher dumm oder für sein Amt schlecht geeignet wäre, es nicht zu sehen vermöchte. Er glaubte zwar wohl, daß er seinetwegen nicht ängstlich zu sein brauchte, er zog es aber doch vor, erst einen anderen zu senden, um nachzusehen, wie es stände. Alle Leute in der ganzen Stadt wußten, was für eine wunderbare Kraft das Zeug hatte, und waren sehr gespannt zu sehen, wie töricht oder dumm der Nachbar wäre.

‚Ich will meinen alten, ehrlichen Minister zu den Webern schicken', dachte der Kaiser, ‚er kann am besten unterscheiden, wie sich das Zeug ausnimmt, denn er hat Verstand, und niemand ist besser als er für sein Amt geeignet!'

Nun ging der alte, gutherzige Minister in den Saal hinein, in dem die beiden Betrüger an den leeren Stühlen saßen und arbeiteten. ‚Gott behüte uns!' dachte der alte Minister und sperrte die Augen weit auf. ‚Ich kann ja gar nichts sehen!' Aber das sagte er nicht.

Die beiden Betrüger ersuchten ihn näherzutreten und fragten, ob es nicht ein schönes Muster und prächtige Farben wären. Damit zeigten sie auf den leeren Webstuhl, und der arme Minister wurde nicht müde, die Augen aufzureißen, aber er konnte nichts wahrnehmen, denn es war nichts da. ‚Mein Gott', dachte er, ‚sollte ich dumm sein? Das habe ich nie geglaubt, und das darf kein Mensch erfahren! Sollte ich für mein Amt nicht taugen? Nein, es geht nicht an, daß ich erzähle, ich könne das Zeug nicht sehen!'

„Nun, Sie sagen ja nichts dazu!" äußerte der eine am Webstuhl.

„Oh, es ist vortrefflich, ganz allerliebst!" sagte der alte Minister und schaute durch seine Brille. „Dieses Muster und diese Farben! Ja, ich werde dem Kaiser berichten, daß es mir außerordentlich gefällt!"

„Nun, das freut uns!" sagten beide Weber, und darauf bezeichneten sie die Farben mit Namen und erläuterten das eigentümliche Muster. Der alte Minister lauschte aufmerksam, damit er dasselbe sagen könnte, wenn er zum Kaiser zurückkäme, und so tat er.

Nun verlangten die Betrüger mehr Geld, mehr Seide und Gold, das sie alles noch zum Gewebe brauchten. Sie steckten alles in ihre eigenen Taschen, auf den Webstuhl kam nicht ein Faden, aber sie fuhren wie vorher fort, an den leeren Stühlen zu arbeiten.

Der Kaiser sandte bald wieder einen anderen gutmütigen Beamten hin, damit er nachsehe, wie es mit dem Weben ginge und ob das Zeug bald fertig wäre. Es ging ihm genau wie dem Minister, er guckte und guckte; da aber außer dem leeren Webstuhl nichts da war, konnte er auch nichts sehen.

„Nicht wahr, das ist ein schönes Stück Zeug?" sagten die beiden Betrüger und zeigten und erklärten das schöne Muster, das gar nicht da war.

‚Dumm bin ich doch eben nicht', dachte der Mann, ‚es ist demnach mein gutes Amt, zu dem ich nicht tauge. Das wäre doch sonderbar, doch darf man es wenigstens nicht merken lassen!' So rühmte er denn das Zeug, welches er nicht sah, und versicherte ihnen seine Freude über die schönen Farben und das vortreffliche Muster. „Ja, es ist ganz allerliebst!" sagte er zum Kaiser.

Alle Leute in der Stadt sprachen nur von dem prächtigen Zeug.

Nun wollte der Kaiser selbst es sehen, solange es noch auf dem Webstuhl wäre. Mit einer ganzen Schar auserwählter Männer, unter denen sich auch die beiden alten, grundehrlichen Beamten befanden, die vorher dort gewesen waren, begab er sich zu den beiden listigen Betrügern, die nun aus Leibeskräften webten, aber ohne Faser und Faden.

„Ja, ist das nicht wahrhaft kostbar?" sagten die beiden grundehrlichen Beamten. „Geruhen Eure Majestät nur zu bewundern, was für ein Muster, was für Farben!" Und dabei wiesen sie auf den leeren Webstuhl, denn sie dachten, die anderen könnten das Zeug doch sehen.

‚Was ist das', dachte der Kaiser, ‚ich sehe ja gar nichts! Das ist ja entsetzlich! Bin ich dumm? Tauge ich nicht zum Kaiser? Das wäre das Schrecklichste, was mir passieren könnte.' „Oh, es ist ganz hübsch!" sagte der Kaiser darauf laut. „Es hat meinen allerhöchsten Beifall!" Und er nickte zufrieden und betrachtete den leeren Webstuhl; er wollte nicht gestehen, daß er nichts sehen konnte. Das ganze Gefolge, das er mit sich hatte, guckte und guckte, bekam aber nicht mehr heraus als alle die anderen; gleichwohl sprachen sie alle dem Kaiser nach: „Oh, es ist ganz hübsch!" Und sie rieten ihm, diese neuen Kleider aus diesem herrlichen Stoff zum ersten Mal bei dem feierlichen Aufzug zu tragen, der bevorstand.

„Reizend, herrlich und wundervoll!" ging es von Mund zu Munde, und alle waren innig froh darüber. Der Kaiser verlieh den beiden Betrügern ein Ritterkreuz, in das Knopfloch zu hängen, und den Titel „Geheime Hofweber".

Die ganze Nacht vor dem Vormittag, an dem der Aufzug stattfinden sollte, brachten die Betrüger wachend zu und hatten mehr als sechzehn Lichter angezündet. Alle Leute konnten sehen, wie beschäftigt sie mit der Anfertigung der neuen Kleider des Kaisers waren. Sie stellten sich, als ob sie das Zeug von den Webstühlen nähmen, schnitten mit großen Scheren in der Luft herum, nähten mit Nähnadeln ohne Faden und sagten endlich: „Nun sind die Kleider fertig!"

Der Kaiser kam mit seinen vornehmsten Hofleuten selbst zu ihnen, und beide Betrüger hoben den einen Arm in die Höhe, als ob sie etwas hielten, und sagten: „Seht, hier sind die Beinkleider! Hier ist der Rock! Hier der Mantel! Man sollte meinen, man trüge nichts auf dem Körper, aber das ist gerade der Vorzug dabei!"

„Ja!" sagten alle Hofleute, konnten aber nichts sehen, denn es war nichts da.

„Geruhen Eure Kaiserliche Majestät nun allergnädigst, Hochdero Kleider abzulegen", sagten die Betrüger, „dann wollen wir Hochdemselben hier vor dem großen Spiegel die neuen anziehen!"

Der Kaiser legte seine Kleider ab, und die Betrüger taten, als ob sie ihm jedes Stück der neuen Kleider, die angefertigt sein sollten, anzögen; und sie faßten ihn um die Hüften und stellten sich, als ob sie etwas festbänden, das sollte die Schleppe sein, und der Kaiser wandte und drehte sich vor dem Spiegel.

„Wie himmlisch sie kleiden, wie herrlich sie sitzen!" riefen alle. „Welches Muster, welche Farben! Das ist ein kostbarer Anzug!"

„Draußen stehen sie mit dem Thronhimmel, welcher über Eurer Majestät im feierlichen Zug getragen werden soll!" meldete der Oberzeremonienmeister.

„Nun, ich bin in Ordnung!" sagte der Kaiser. „Sitzt es nicht gut?" Und dann wandte er sich noch einmal gegen den Spiegel; denn es sollte so aussehen, als ob er seinen Putz recht betrachte.

Die Kammerherren, welche die Schleppe tragen sollten, langten gegen den Fußboden, als wenn sie die Schleppe aufhöben. Sie gingen und hielten die Hände steif vor sich in die Luft; sie durften es sich nicht anmerken lassen, daß sie nichts sahen.

So ging nun der Kaiser bei dem feierlichen Umzug unter dem prächtigen Thronhimmel, und alle Leute auf den Straßen und in den Fenstern riefen: „O Himmel, wie unvergleichlich sind doch des Kaisers neue Kleider! Welch herrliche Schleppe trägt er am Rock! Wie vortrefflich sitzt alles!" Niemand wollte sich anmerken lassen, daß er nichts sähe, denn sonst hätte er ja nicht zu seinem Amt getaugt oder wäre schrecklich dumm gewesen. Keines der kaiserlichen Kleider hatte bisher solchen Erfolg gehabt.

„Aber er hat ja gar nichts an!" rief plötzlich ein kleines Kind. „O Himmel, hört die Stimme der Unschuld!" sagte der Vater; und einer flüsterte dem anderen zu, was das Kind gesagt hatte.

„Er hat gar nichts an, ein kleines Kind ist dort, das behauptet, er habe gar nichts an!"

„Er hat ja gar nichts an!" rief endlich das ganze Volk. Das wurmte den Kaiser, denn es schien ihm selbst, als ob das Volk recht hätte, aber er dachte: ‚Jetzt hilft nichts, als standhaft auszuhalten.' Er nahm eine noch stolzere Haltung an, und die Kammerherren gingen und trugen die Schleppe, die gar nicht da war.

Ende

Anlage 7

Antrag des Deutschen Bundestages vom 10.12.2003 über „Antisemitismus bekämpfen"

Deutscher Bundestag Drucksache 15/2164
15. Wahlperiode

Antrag
der Fraktionen SPD, CDU/CSU, BÜNDNIS 90/DIE GRÜNEN und FDP

Antisemitismus bekämpfen
Der Bundestag wolle beschließen:
1. Der Deutsche Bundestag verurteilt jede Form des Antisemitismus.
   Antisemitisches Denken, Reden und Handeln haben keinen Platz in Deutschland.
2. Antisemitismus war der geistige Nährboden für die beispiellose von Deutschland ausgegangene Verfolgung und Ermordung der europäischen Juden. Wir haben die besondere Verantwortung, die Erinnerung an den Holocaust und das Gedenken an die Opfer wachzuhalten. Wir müssen uns auch künftig mit seinen Ursachen und Folgen auseinander setzen und die Wiederholung einer solchen Entwicklung ausschließen. Die Erinnerung an das Geschehene ist Teil unserer nationalen Identität.
3. Wir dürfen uns niemals daran gewöhnen, dass in Deutschland Jahrzehnte nach der Niederwerfung des Nationalsozialismus für jüdische Bürger und ihre Einrichtungen noch immer ein erhebliches Gefahrenrisiko besteht und beispielsweise die Grundsteinlegung für das jüdische Gemeindezentrum in München am 9. November 2003 nur unter schärfsten Sicherheitsmaßnahmen stattfinden konnte.
4. Der Deutsche Bundestag beobachtet mit großer Sorge, dass antisemitische Ressentiments nicht nur bei Randgruppen, sondern weit in die Gesellschaft hinein spürbar sind.

Wer Stereotype und Versatzstücke nationalsozialistischer Propaganda aufnimmt und neu zusammenfügt, wer „die Juden" sprachlich ausbürgert, indem er sie „den Deutschen" gegenüberstellt und sie damit zu Fremden im eigenen Land macht, wer die Ermordung der europäischen Juden relativiert, steht außerhalb der demokratischen Wertegemeinschaft.

5. Unsere Pflicht ist es, antisemitisches Denken, Reden und Handeln zu bekämpfen. Dabei ist das Engagement jedes Einzelnen gefordert. Wir wollen in Deutschland die Kultur der Verständigung und des Verstehens ausbauen. Das friedliche Zusammenleben von Menschen unterschiedlicher Religionszugehörigkeit muss so selbstverständlich sein, dass Bürger jüdischen Glaubens ohne Angst in Deutschland ihre Heimat haben. Kampf gegen Antisemitismus, Rassismus und Diskriminierung von Minderheiten ist eine Sache der gesamten Gesellschaft. Wo nötig, muss Antisemitismus mit allen Mitteln des demokratischen Rechtsstaates auch von Polizei und Justiz bekämpft werden.

6. Bildung und Erziehung müssen bei ihrer Aufklärungsarbeit in Familie, Schule und Gesellschaft die Fähigkeit vermitteln, Antisemitismus in seinen vielfältigen Erscheinungsformen zu erkennen und ihm im Alltag entgegenzutreten. Der herausragende Beitrag, den jüdische Bürger zur Entwicklung von Wirtschaft, Wissenschaft und Kultur in Deutschland geleistet haben, muss stärker ins Bewusstsein gerückt werden. Der Deutsche Bundestag unterstützt alle Initiativen, die zur Vermittlung von Wissen über die deutsch-jüdische Geschichte beitragen und deutlich machen, dass jüdische Kultur ein bedeutender Teil unseres Landes war und ist.

7. Die große Mehrheit der Menschen in Deutschland lehnt Antisemitismus entschieden ab. Sie weiß: Antisemitismus, Rassismus und die Diskriminierung von Minderheiten vergiften das gesellschaftliche Zusammenleben. Der Bundestag bekräftigt den Appell des Bundespräsidenten Richard v. Weizsäcker vom 8. Mai 1985:

„Lassen Sie sich nicht hineintreiben in Feindschaft und Hass
gegen andere Menschen,
gegen Russen oder Amerikaner,
gegen Juden oder Türken,
gegen Alternative oder Konservative,
gegen Schwarz oder Weiß.
Lernen Sie miteinander zu leben, nicht gegeneinander.
Lassen Sie auch uns als demokratisch gewählte Politiker dies immer wieder beherzigen und ein Beispiel geben.
Ehren wir die Freiheit.
Arbeiten wir für den Frieden.
Halten wir uns an das Recht.
Dienen wir unseren inneren Maßstäben der Gerechtigkeit."

Berlin, den 10. Dezember 2003

Franz Müntefering und Fraktion
Dr. Angela Merkel, Michael Glos und Fraktion
Katrin Göring-Eckardt, Krista Sager und Fraktion
Dr. Wolfgang Gerhardt und Fraktion